regina neufeld

viel zu kurz
und doch
für immer

was wir durch den tod unseres kindes
über uns, das leben und gott gelernt haben

GerthMedien

Inhalt

Babys haben es besonders schwer, sich nicht zu isolieren, weil sie sich nicht mit anderen über die Erinnerungen an das Kind austauschen können. Sie fühlen sich nicht verstanden, nicht ernst genommen. Vor allem, wenn ihr Kind bereits früh in der Schwangerschaft starb, fragen sich Eltern oft, ob sie überhaupt ein Recht auf ihre Gefühle haben. Doch das haben sie! Und diesen Gefühlen Raum zu geben, ist nötig, damit sie in ein neues Leben hineinfinden können – in ein Leben, in dem ihr Kind seinen festen Platz hat. Erst, wenn dies geschehen ist, wird sich ihr gebrochenes Herz langsam erholen, auch wenn immer eine tiefe Wunde bleiben wird.

Noch als Samuel am Leben war, haben wir einen Blog eingerichtet (www.unser-wunder.de), um Freunde und Bekannte über seine Entwicklung auf dem Laufenden zu halten. Das hat uns geholfen, von Anfang an offen mit unseren Gedanken und Gefühlen umzugehen. In der Folge wurden uns immer wieder liebe Worte geschickt. Die, die mich wirklich berührt haben, kamen fast immer von anderen Eltern, deren Kind ebenfalls verstorben ist. Nach Samuels Tod haben mich viele ähnliche Geschichten erreicht. Ich fand mich in den Worten der Eltern wieder, und das nahm mir den Druck, der sich in mir angestaut hatte.

Als ich später wieder anfing, auf Mädchen- und Frauenveranstaltungen zu sprechen und auch von Samuel zu erzählen, durfte ich erleben, dass seine Geschichte anderen Menschen Hoffnung gibt. So richtete ich später meinen neuen Blog www.beschenkt.com ein. Die Artikel, die dort am häufigsten gelesen werden, sind die, die ich über unsere Trauer geschrieben habe. Das hat mich schließlich dazu ermutigt, Samuels Geschichte in diesem Buch zu erzählen.

Am Anfang existierten zunächst nur mein tränendurchtränktes Tagebuch und die zum Teil gekürzten Blogeinträge. Daraus entstand dann langsam, über einen Zeitraum von beinahe fünf Jahren, das Manuskript. Mein Mann Alex steuerte ein paar Passagen darüber bei, was er als Vater empfindet. Und auch unsere Kinder Ben, Hannah und Emma unterstützten mich durch ihre Ideen.

Schreiben hat eine therapeutische Wirkung, sagt man. Das kann ich bestätigen. Was ich nicht herausschreien konnte, durfte ich aufschreiben, und meine Seele holte dabei tief Luft. Der gesamte Schreibprozess war emotional sehr herausfordernd, aber auch heilsam. Ich habe viel geweint, während ich neu in den Schmerz eingetaucht bin, und kam gestärkt wieder heraus. Das ein oder andere habe ich erst durch das Eintippen der einzelnen Worte sortieren können. Gefühle in Worte kleiden hilft, sie zur Ruhe zu bringen. Und für manch einen Gedanken habe ich beinahe fünf Jahre gebraucht, um ihn formulieren zu können.

„Viel zu kurz und doch für immer" habe ich sowohl für betroffene Eltern als auch für deren Familien, Freunde und seelsorgerische Begleiter geschrieben, aber natürlich auch für all jene, die sich fragen, wo Gott ist, wenn Menschen leiden. Mit dieser Frage musste ich mich zwangsläufig und sehr intensiv auseinandersetzen, um herauszufinden, ob mein Glaube an Gott nur erlernt ist – oder ob ich ihm wirklich vertraue, egal, was kommt. Deshalb habe ich diesem Thema ein ganzes Kapitel gewidmet.

Samuel litt an einer lebenszeitverkürzenden Krankheit: Trisomie 18. Ich gehe deshalb auch auf die Frage nach dem Wert des Lebens ein und stelle mich den Themen Abtreibung und Spätabtreibung.

Ich schreibe in den Kapiteln dieses Buches jedoch nicht nur über meine und Alex' Trauer, sondern auch über die Liebe zu unserem Kind, unseren Glauben, unsere Kraftquellen und unseren Alltag in dieser herausfordernden Zeit.

Wenn Sie dieses Buch lesen, werden Sie schnell merken, dass es kein gewohnter Ratgeber ist, der aufzeigt, welche Schritte man für eine erfolgreiche Trauerverarbeitung oder -begleitung gehen sollte. Vielmehr möchte ich den Sinn dafür schärfen, sich selbst – und jeden Trauernden – individuell zu betrachten und ihm seinen eigenen Weg zuzugestehen. Auch wenn jeder Mensch auf unterschiedliche Weise trauert, eins bleibt gleich: Wir Eltern brauchen Raum für die Trauer um unser Kind. Das ist mir so wichtig, dass ich mich für eine Fortbildung zur Sternenkind-Begleiterin entschieden habe, um für andere Eltern auf diesem schweren Weg da zu sein.

Am Ende meiner Trauerreise bin ich immer noch nicht. Das werde ich erst sein, wenn ich meinen Samuel eines Tages wieder im Arm halten werde. Die Trauer hat keinen Endpunkt, und das muss sie auch nicht. Es geht vielmehr darum, sie in ein neues Leben zu integrieren. Das ist einer der Kerngedanken in diesem Buch.

Selbst im freien Fall des Schmerzes bin ich auf festem Grund gelandet und mein Glaube hat gehalten ... meistens jedenfalls. Ich habe erfahren, dass Gott gut ist ... immer. Hoffnung ist real. Ich habe herausgefunden – selbst in dem furchtbarsten Schmerz von Tränen und Trauer, die so intensiv sind, dass man glaubt, sie bringen einen um –, dass meine Familie und ich viel aushalten

können. Wir werden über den Verlust nie hinwegkom-
men, aber wir schaffen es hindurch. Und deshalb bete
ich, dass unser Weg durch das finstere Tal des Verlus-
tes denen eine Hilfe sein möge, die ähnlichen Schmerz
erlebt haben ... dass wir als Verwalter und Erzähler dieser
Geschichte vielen ein Trost sind.[1]

Diese Worte von Mary Beth Chapman, die ebenfalls den Verlust ihres Kindes erlitten hat, spiegeln auch meine Gedanken und mein Ansinnen wider. Ich bete, dass sich andere Trauernde durch meine Worte nicht mehr so alleine fühlen. Manch einer wird sich in einigen Punkten wiederfinden, andere werden sagen: „Ich empfinde das ganz anders." Beides ist in Ordnung. Ich bin mir sicher, dass jeder einige Anregungen finden wird, seinen Weg zu finden, seine Trauer zu leben.

Ich bete, dass Verwandte und Freunde Betroffener besser verstehen, wie sie für die Eltern eines verstorbenen Kindes da sein können.

Und ich bete, dass dieses Buch Hoffnung vermittelt, wo es dunkel ist. Denn trotz vieler enttäuschter Hoffnungen in unserer Geschichte, trotz des Zerbruchs, den wir erlebt haben, tragen wir diesen Frieden in uns, der nicht von Umständen abhängt; eine Kraft, die nicht aus uns selbst kommt; und die tiefe Gewissheit, geliebt und umsorgt zu sein.

Deshalb verstehe ich mich als Botschafterin der Liebe Gottes. Gott liebt unseren Samuel, obwohl er in den Augen der Medi-

---

1 Mary Beth Chapman/Ellen Vaughn, Wenn das Leben andere Blüten trägt: Eine Mutter, ein tragischer Unfall und eine Hoffnung, die wächst, Asslar: Gerth Medien, 2011, S. 25.

zin nicht perfekt war. Gott liebt mich, obwohl ich manchmal so wütend auf ihn war, weil ich eine andere Geschichte wollte. Gott liebt einfach, weil er Liebe ist.

Ich erzähle von Gott, nicht weil ich nie gezweifelt habe, sondern, weil ich mein *Dennoch* gefunden habe.

Regina Neufeld, im Februar 2019

Prolog

Seine Flügel schlagen langsam auf und nieder.

Er fliegt auf uns zu. Setzt sich auf einen Zaun.
Nur einen kurzen Augenblick.
Und schon ist er wieder davongeflogen.
Ein kleiner Vogel.
Mein kleiner Vogel.
Er hat unser Leben mit seinen weichen Federn gestreift.
Seine zarten Beinchen haben Spuren in unsere Herzen eingebrannt.
Eine kurze Berührung, die tiefe Eindrücke in uns hinterlässt.
Ihre Auswirkungen reichen weiter, als uns bewusst gewesen ist.

Samuel. Gott erhört.
Ja, Gott erhört, aber manchmal so ganz anders.
Von Gott erbeten – das war er. Ein absolutes Wunschkind.
Aber nur geliehen. Er hat uns nie wirklich gehört.
Und doch wird er immer mein Sohn bleiben.
Und ich werde immer seine Mama sein.

Ich habe nichts unter Kontrolle

Nichts ist selbstverständlich

Eine Routineuntersuchung bei meiner Frauenärztin. Wie immer bestand meine größte Angst vor dem Anblick der Waage. Der Rest war Routine: Blutdruck okay, CTG unauffällig, Baby munter – etwas klein vielleicht, aber kein Grund zur Sorge.

Dieser weiße Fleck, den das Ultraschallbild im Gehirn unseres Babys sichtbar gemacht hat, schien eine harmlose Zyste zu sein. Vorsichtshalber sollte ich dies aber einem Pränataldiagnostiker zeigen. Die Arzthelferin machte für mich direkt einen Termin in einer speziellen Praxis aus. Vielleicht würden wir dort ja noch ein paar schönere Fotos von unserem Baby bekommen und hoffentlich endlich erfahren, ob es ein Junge oder ein Mädchen war …

Am nächsten Freitag fuhren wir zu viert nach Bonn. Mein Mann Alex und unsere beiden Kinder Benjamin, den wir Ben nennen (damals drei), und die zweijährige Hannah vertrieben sich die Zeit in der Stadt, während ich im Wartezimmer saß. Neben mir Zeitschriften in einem Ständer: Strahlende Babys und glückliche Mütter. Mein Blick fiel auf die Prospekte. Langsam begann ich zu realisieren, wo ich eigentlich war. Was machte ich hier eigentlich? Wollte ich überhaupt, dass mein Baby bis ins Detail durchleuchtet wird? Was ist, wenn sie doch etwas finden? Aber all diese Gedanken schob ich schnell zur Seite. Es war alles in Ordnung, das wurde mir doch immer wieder gesagt. Trotzdem setzte sich auf einmal diese Schwere in meinem Magen fest. Ich war naiv in diesen Termin gegangen und fühlte mich nun völlig fehl am Platz.

Ich erfuhr, dass die Ärztin der Praxis Urlaub hatte und ich von einer Vertretung untersucht werden sollte. Diese stellte mir einige Fragen. Dann legte ich mich auf die komfortable Liege und konnte mir aussuchen, auf welchen der vielen Bildschirme ich nun schauen wollte. So groß hatte ich mein Baby noch nicht gesehen. Es war so süß! Schüchtern wie immer hatte es die Beinchen verschränkt.

Während die Ärztin Ultraschall und Doppleruntersuchungen machte, beobachtete ich glückselig mein kleines Kind. Ich war fasziniert von diesem Anblick. Dann fiel mir auf, dass sich die Ärztin lange beim Herzen aufhielt, aber ich dachte mir nichts weiter dabei, schließlich lief hier einiges anders als bei meiner Frauenärztin. Doch dann fuhr sie mit dem Ultraschallknopf noch einmal hoch zum Kopf. Den weißen Fleck, wegen dem ich gekommen war, konnte sie nicht entdecken, aber sie schien auch etwas anderes vergeblich zu suchen. Sie sagte mir nicht, was – nur, dass mein Baby schon so groß und seine Knochen so dicht seien, dass sie nicht alles genau erkennen konnte. Normalerweise kamen die Frauen schon wesentlich früher in der Schwangerschaft in die pränataldiagnostische Praxis; ich war schon in der 31. Woche.

Zum Schluss erklärte mir die Ärztin in ruhigem Ton, dass

unser Baby wahrscheinlich einen Herzfehler hätte. Doch man könne diesen gut operieren. Dennoch solle ich zur Uniklinik Bonn fahren und mich dort noch einmal vorstellen.

Okay, jetzt mal langsam. Mein Baby hat einen Herzfehler? Ich war doch wegen etwas ganz anderem da! Was war denn bitte passiert? Wo blieb die Routine? Wo war das selbstverständliche „Ihrem Kind geht es gut"?

Als ich Alex im Wartezimmer davon erzählte, flossen die ersten Tränen. Aber man kann ja gut operieren, sagten wir uns. Also kein Grund, sich jetzt verrückt zu machen. Ich versuchte, ruhig und gefasst zu bleiben. Die Kinder zeigten mir ihre Pixi-Bücher, die der Papa ihnen spendiert hatte. Alles war gut.

Wir machten uns gleich auf den Weg zur Uniklinik. Nun saßen wir in einem großen Wartezimmer, in dem noch andere Paare darauf warteten, eine medizinische Beurteilung ihres Babys zu bekommen. Warum sahen sie so entspannt aus? Unsere Kinder tobten herum und spielten fröhlich wie immer, und ich zwang mich, normal mit ihnen zu reden, mit einem Lächeln zu antworten und begeistert von ihren Kunststücken zu sein.

„Regina Neufeld." Okay, das war ich. Es ging los. Eine hübsche, junge Ärztin holte mich ab und brachte mich in einen Behandlungsraum. Dort begann sie, meine Daten aufzunehmen. In ihrer Datenbank fand sie sogar eine Frau mit meinem Namen. „Geboren 1973, richtig?" – Äh ... nein, ich bin erst 28! „Oh, Entschuldigung. Ich hatte bloß nicht gedacht, dass sie in meinem Alter sind, weil Sie schon Kinder haben."

Dann kam die Oberärztin herein, und ohne mich zu beachten, fuhr sie die junge Ärztin an: „Ich sagte doch, der Herzfehler soll in Zimmer 3!"

Der Herzfehler.

So klar hatte ich dieses Wort noch nicht gehört. Es versetzte mir einen Stich. *Herzfehler*. Mein Kind war krank. *Mein* Kind. Hier ging es um *mein* Kind. Ich kam mir vor wie ein lebloses Diagnose-Objekt.

Herzfehler. Zimmer 3.

Die Ärzte machten einen Ultraschall und diskutierten lange miteinander. Zwei Ärzte aus Peru hospitierten, schließlich ist Bonn in Sachen Pränataldiagnostik weltweit bekannt. Man unterhielt sich in medizinischem Englisch, von dem ich nichts verstand. Doch es war deutlich, dass etwas nicht in Ordnung war. Zwischendurch musste ich das Zimmer verlassen. Alex war mit den Kindern inzwischen draußen. Meine Gedanken kreisten die ganze Zeit um mein Baby, aber ich kann nicht sagen, was ich genau dachte. Es war ein großes Durcheinander in mir. Ein Brodeln, das ich noch unterdrücken konnte. Ich blieb äußerlich ruhig und gefasst. Wie immer, wenn mich etwas belastet, musste ich das erst mit mir ausmachen und mit Gott darüber reden. Ich weiß, dass er die ganze Zeit da war. Es war, als säße er neben mir und hielt meine Hand. Ich war nicht allein.

Zurück im Behandlungsraum ging der Ultraschall weiter. Nach langem Hin und Her wandte sich die Oberärztin endlich von den beiden anderen Ärzten ab und sprach mit mir. Die junge hübsche Ärztin hatte ihr gesagt, dass wir das Geschlecht des Kindes noch nicht kannten, und so sagte sie mir, dass wir einen Jungen bekommen würden. Doch ich merkte, dass diese Information keinerlei Bedeutung für sie hatte. Sie wollte mir etwas anderes sagen. Sie sah mir in die Augen und sagte, dass unser Baby einen Herzfehler habe, aber einen anderen, als zuerst vermutet. Auch diesen könne man gut operieren. Doch da war noch etwas: eine *Balkenagenesie*, was bedeutet, dass die Verbindung zwischen den beiden Gehirnhälften fehle. Das müsse nicht unbedingt Auswirkungen haben, könne aber auch eine Lernschwäche oder geistige Behinderung zur Folge haben.

Mein Herz raste, mein Körper zitterte, meine Gedanken drehten sich im Kreis. Ich versuchte, diese Informationen zu verstehen.

Aber die Ärztin war noch nicht fertig. Sie sagte, es sei ungewöhnlich, dass mehrere Fehlbildungen bei einem Kind vorliegen, daher müsse man eine andere Grunderkrankung vermuten, vielleicht einen Genfehler.

Ich glaube, ungefähr zu diesem Zeitpunkt war der Damm schließlich gebrochen, und meine Tränen strömten mein Gesicht herunter. Mein Baby war krank. Mein Baby musste operiert werden, am Herzen. Mein Baby könnte behindert sein! *Mein* Baby!

Die Ärztin riet mir zu einer Fruchtwasseruntersuchung. Aber eine Behinderung war für uns kein Grund, eine Frühgeburt zu riskieren, daher lehnte ich eine Fruchtwasseruntersuchung ab. Ich wusste, dass Alex und ich uns darin einig waren, und sagte deshalb, dass das Ergebnis keine Konsequenzen für uns haben würde, weil wir unser Kind auf jeden Fall bekommen würden. Ich merkte, dass sie mit dieser Antwort nicht gerechnet hatte. Sie versuchte noch einmal, mir zu erklären, dass es wichtig sei zu wissen, ob unser Baby einen Gendefekt habe oder nicht. Ich blieb bei meiner Antwort, und dann ließ sie mir etwas Zeit für mich, während sie wieder auf Englisch mit den anderen Ärzten sprach.

Wie viele Gedanken man in einer so kurzen Zeit haben kann! Viele wirre Satzfetzen, die keinen Sinn ergaben. Das einzige, was ich verstand, war, dass nichts mehr war wie vorher.

Dann kam noch ein Professor, ein älterer Herr, dem seine Erfahrung und Weisheit ins Gesicht geschrieben waren. Er wirkte nicht ganz so kühl wie die Oberärztin. Auch er fuhr mit dem Ultraschallgerät über meinen Bauch, doch er bestätigte den Verdacht auf ein Aneurysma im Gehirn nicht. Wieder wurde über die Art des Herzfehlers diskutiert. Ich fühlte mich, als hätte das alles nichts mit mir zu tun. Es war merkwürdig, dass diese Leute über mich sprachen, ohne mich anzusprechen. Aber ich war sowieso kaum noch anwesend. Ich war ganz bei meinem Baby. Das alles konnte nur eine Szene aus einem Film sein … Das war nicht mein Leben. Uns passierte so etwas doch nicht. Unsere Kinder waren immer gesund. In diesem Moment begann ich, es einfach nur noch geschehen zu lassen. Ich hatte die Kontrolle verloren. Keine Folsäure, kein Gemüse oder Spaziergang konnten hier noch helfen. Da passierte etwas und ich hatte keine Wahl. Ich wollte kein Teil davon sein und war doch mittendrin.

Alex war mit den Kindern ins Auto gegangen, damit Hannah etwas schlafen konnte. Ihm war schon längst klar, dass etwas nicht stimmte, denn ich war ziemlich lange weg. Als ich aus der Kliniktür trat, kam er mir entgegen und ich ließ mich einfach in seine Arme fallen. Vor lauter Schluchzen brachte ich kein Wort heraus. Ich klammerte mich an ihn und durchnässte sein T-Shirt mit meinen Tränen. Während einer kurzen Pause versuchte ich, alles zusammenzufassen. Meine Verzweiflung, meine Ängste, meine Fragen fanden nun einen Weg nach draußen. Noch nie hatte ich in der Öffentlichkeit so geheult. Es war mir egal, ob mich jemand sehen oder hören konnte. Mein Baby war krank!

Wir mussten wieder reinkommen, um mit der Kinderkardiologin zu sprechen. Es wurde wieder geschallt. Mein Bauch tat inzwischen weh und Samuel schien es auch überhaupt nicht zu gefallen. Ja, Samuel. Der Name stand nun endgültig fest. Die Ärztin klärte uns über die Art des Herzfehlers auf: ein rechter Doppelausstromventrikel mit überreitender Aorta. Später erkannte man noch eine geringgradige Pulmonalstenose. Kurz zusammengefasst bedeutet das: Beide großen Arterien entspringen aus dem rechten Ventrikel und die Blutstrombahn war verengt. Das habe jetzt aber noch keine Auswirkungen.

In meinem Bauch ging es Samuel gut. Wenn alles normal weiterlief, würde ich normal entbinden dürfen, was ich sehr hoffte. Nachdem wir die nächsten Termine festgelegt hatten, durften wir endlich fahren und versuchten zu verstehen. *Verstehen.* Kann man so etwas überhaupt verstehen?

Inzwischen war es 15 Uhr. Um 9 Uhr war der erste Arzttermin gewesen. Wir hatten noch nichts gegessen und wussten nicht so recht, wohin mit uns. Also fuhren wir in ein Schnellrestaurant. Die Kinder konnten spielen, wir uns unterhalten. Wieder einmal waren wir Gott unendlich dankbar für unsere beiden Großen, sie hatten so gut mitgemacht und sich nicht einmal beschwert.

Auf dem Weg nach Hause machten wir uns Gedanken über zwei Dinge: Wie sollten wir unseren Eltern davon erzählen? Und wie sollte ich mich am nächsten Tag als Referentin auf einer Schulung auf meinen Vortrag konzentrieren können?

Wie erklärt man etwas, das man selbst nicht begreift? Wie reagiert man auf Fragen, wenn man sich nur im Bett verkriechen will? Was tut man, wenn Ermutigungsversuche anderer einem nur das Gefühl geben, nicht verstanden zu werden?

Unser Baby war krank. Aber jetzt ging es ihm gut. Niemand hatte während der ganzen Zeit erwähnt, dass ein Gendefekt bedeuten könne, dass unser Baby stirbt. Wir beschlossen, dass ich am nächsten Tag die Schulung mache. Alex würde die ganze Zeit für mich beten, unter anderem auch dafür, dass mich niemand auf das Baby anspricht. Und so unwahrscheinlich das in einer Gruppe von jungen Frauen auch ist: Die Frage, wie es dem Baby ging, kam erst ganz am Ende – auf dem Parkplatz und unter vier Augen.

Gott erhörte unser Gebet. Er hört uns immer und er hilft. Er ist mächtig und er kann Wunder tun. Aber was ist, wenn er es nicht so macht, wie wir es uns wünschen?

21. Mai 2013

Vater, großer, allmächtiger Gott!
Nun ist es schon vier Tage her, dass uns die Ärzte gesagt haben, dass unser Samuel krank ist. Es scheint immer noch so unwirklich – vielleicht ist es das auch?! – aber dann kommen wieder die Momente, in denen mich Sorge und Angst überkommen. In jedem stillen Moment denke ich nur an ihn und auch sonst ist der Gedanke oder die Frage immer da: Was passiert mit meinem kleinen Jungen?
Ich weiß, dass alles in deiner Hand ist. Ich weiß, dass du auch heute Wunder tun kannst. Ich weiß, dass du nur das Beste für unsere Familie willst. Und doch habe ich Angst

davor, was ist, wenn dein Plan kein gesundes Baby für uns vorsieht. Ich will dir vertrauen, und ich weiß: Egal, was passiert, du wirst uns Kraft geben. Und dennoch flehe ich dich an, dass du Samuel heilst. Korrigiere seinen Herzfehler und lass den Balken im Gehirn noch nachwachsen. Vielleicht haben die Ärzte ihn ja auch übersehen?!

Mir hat es überhaupt nicht gefallen, wie sie ihn durchleuchtet haben. Es ist gut, dass wir vorbereitet darauf sind, dass etwas nicht stimmen könnte, aber alles, was nicht in ihre Norm passt, ist gleich auffällig – zu kleiner Bauch, zu enge Augen, vielleicht noch ein Aneurysma im Gehirn. Manchmal kommen mir auch Gedanken wie: Hab ich mich nicht genügend geschont? Bestrafst du ihn für meine Fehler? Und andererseits weiß ich, dass du souverän und treu bist.

Die ganze Situation geht natürlich auch nicht spurlos an Ben und Hannah vorüber. Sie spüren die Anspannung. Sie haben mich öfter weinen sehen und versuchen, mich zu trösten. Ben hängt total an mir. Ich fühle mich teilweise wie gelähmt und will einfach nichts tun. Will mich zurückziehen.

Jesus, du hast selbst Tote wieder zum Leben erweckt. Darum ist es doch ein Leichtes für dich, unser Baby zu heilen. Wir brauchen dich so sehr. Amen.

Als wir über einen Namen für unser drittes Kind nachgedacht hatten, kamen wir recht schnell auf Samuel für einen Jungen. Es sollte wie bei unseren anderen Kindern ein hebräischer Name sein, er sollte einen schönen Klang haben und eine schöne

Bedeutung. Samuel bedeutet „Gott erhört" oder auch „von Gott erbeten". So war es in der Geschichte von der unfruchtbaren Hannah, die nicht aufhörte, für ein Kind zu beten – bis sie schließlich ihren Samuel in den Händen hielt. *Gott erhört.* Eine wunderbare Zusage, die für uns nun eine weitaus größere Bedeutung bekam, als wir geahnt hatten …

Es gibt kein Kind des Zufalls

Einige Tage nachdem wir erfahren hatten, dass unser Baby krank war, hatte ich einen Termin bei meiner Frauenärztin. Es tat ihr furchtbar leid, davon zu hören. Sie erklärte, dass sie das nicht gesehen hatte und auch nicht hätte sehen können, und sonst sei ja alles unauffällig gewesen. Ich machte ihr keinerlei Vorwürfe. Für mich war es Gottes Führung, dass wir es nicht früher wussten. Einerseits hätte ich es zwar schon gerne früher gewusst, weil wir die Schwangerschaft so noch bewusster erleben und noch mehr Erinnerungen mit ihm hätten schaffen können. Aber andererseits war es gut für uns. Alex hatte in den Monaten vor Samuels Geburt mehrere Examensprüfungen in seinem Lehramtsstudium, die letzte stand ihm noch bevor. Und ich schrieb gerade an einem Buch mit Andachten für Mädchen.

Meine Ärztin schallte wieder über meinen Bauch und sah sich unseren kleinen Sohn genau an. Dann sagte sie: „Manchmal macht die Natur einfach Fehler!"

Es ist komisch, aber in diesem Moment nahm sie mir meine Angst. Konfrontiert mit dieser Behauptung, es sei etwas falsch mit unserem Sohn, willkürlich und sinnlos, wurde mir neu bewusst, dass mein Baby wunderbar und ausgezeichnet von einem liebevollen, kreativen Schöpfer geschaffen worden war, wie es in Psalm 139 heißt: „Denn du bildetest meine Nieren. Du wobst mich in meiner Mutter Leib. Ich preise dich darüber, dass ich auf eine erstaunliche, ausgezeichnete Weise gemacht bin. Wunderbar sind deine Werke, und meine Seele erkennt es sehr wohl." (Psalm 139,13-14; ELB)

Mein Kind war kein Fehler, es war perfekt!

Wir haben Erinnerungen mit ihm

Am nächsten Tag fuhren wir noch einmal zur Uniklinik, es war unser dritter Termin.

Beim zweiten gab es nicht viel Neues, bis auf die Erfahrung, behandelt zu werden wie ein Forschungsobjekt. Nach dem Ultraschall blieb ich liegen und wir warteten auf den Kinderarzt, der mit uns über die Balkenagenesie sprechen würde. Ein junger Arzt fegte in den Raum und ließ sich auf den Hocker neben mir fallen. Ohne eine Begrüßung, ohne Erklärung begann auch er, unser Baby zu durchleuchten. Dann stand er auf und druckte einige Papiere aus, die wir unterschreiben sollten. Wir waren erschlagen und überfordert. Erst später wurde uns klar, dass es hier um irgendwelche Forschungen ging. Als wir das verstanden hatten, war es schon zu spät. Der Mann war mit unserer Unterschrift davongerauscht. Wir würden sie gerne zurücknehmen. Auch die Fotos, denen wir zugestimmt hatten, als Samuel schon auf der Welt war. Wir hatten einfach keine Ahnung, was das alles bedeutete. Ich fühle mich ausgenutzt, als hätte man mich dazu gebracht, mein Kind zu verkaufen. Abgesehen davon, dass das Auftreten dieses Arztes unmöglich war, würde ich mit all dem Wissen, das ich heute über den Umgang der Medizin mit Gendefekten habe, auf keinen Fall irgendwelche Studien unterstützen.

Ich muss tief durchatmen und loslassen.

Nun waren wir zum dritten Mal da und die Oberärztin sagte uns, dass Samuel kaum zugenommen hatte und wesentlich zu klein war. Das bedeutete, Samuel würde auf jeden Fall früher kommen müssen, „weil er sonst versterben kann". Dieser Satz war wie ein heftiger Schlag ins Gesicht. Vielleicht hätte er nicht so unerwartet sein sollen, aber das war er. Bisher war nie von Tod die Rede gewesen.

Wir erwähnten, dass wir auf dem Weg in einen Kurzurlaub waren. Die Ärztin hob ihre Augenbrauen und sah uns an: „Na gut", meinte sie streng.

Unser Urlaubsziel war nicht weit weg. Etwa eine Stunde von Bonn entfernt genossen wir zu fünft vier wunderschöne, ruhige Tage auf einem Bauernhof in der Eifel. Unsere Großen hatten so viel Spaß. Ben ist über sich hinausgewachsen. Es war herrlich, die Kinder ausgelassen und fröhlich im Heu spielen zu sehen. Richtig abschalten konnten Alex und ich nicht. Wir erlebten alles wie durch einen Schleier. Aber es tat gut, etwas Abstand zu gewinnen, mit den Kindern zu toben und zu lachen, frische Luft einzuatmen und uns an Gottes wunderschöner Schöpfung zu erfreuen.

Dieser Urlaub war eigentlich für den Spätsommer geplant, mit Klein-Samuel im Arm. Doch weil wir nicht wussten, was in den nächsten Monaten auf uns zukommen würde, beschlossen wir, noch einmal intensiv Zeit mit unseren beiden Großen zu verbringen, bevor Samuel kam.

Jeden Abend lag ich noch lange wach. Ich hatte das Gefühl, Samuel sei ruhiger geworden. Ich spürte ihn kaum. Reglos wartete ich auf ein Lebenszeichen von ihm. Ich konnte nicht einschlafen, bis er mir klarmachte: „Mama, es geht mir gut. Lass los und schlaf ruhig ein."

Unsere Zeit auf dem Bauernhof fühlte sich an wie ein Durchatmen vor dem Sturm. Es war uns gar nicht bewusst, aber wir haben hier eine wunderbare Erinnerung an die Zeit mit Samuel geschaffen, denn bei diesem Urlaub war er dabei. Wir haben Fotos von meiner Kugel, in der er sich eingekuschelt hatte. Fotos davon, wie wir beide neben dem Trampolin sitzen, auf dem der Papa mit den großen Geschwistern tobt. Beim Picknick teilten wir uns die Weintrauben auf und wir beide bekamen die doppelte Portion. Zu fünft sprangen wir im Heu herum und bewarfen uns gegenseitig damit, bis uns vor Lachen der Bauch wehtat.

Später las ich von Familien, die wussten, dass ihr Baby nach der Geburt sterben würde. Ich las, dass sie beschlossen, die Zeit, in der sie ihr Kind noch bei sich hatten – in Mamas Bauch – zu nutzen, um unvergessliche Erinnerungen zu schaffen. Ich finde das unfassbar schön und so wertvoll. Als Eltern möchten wir unseren Kindern ein glückliches Leben schenken, und wir suchen trotz tragischer Umstände nach Möglichkeiten, etwas für unser Kind zu tun, auch wenn es wohl wichtiger für uns ist als für ihn oder sie.

Für uns ist es unglaublich wertvoll zu wissen, was wir mit Samuel erlebt haben, als er noch in meinem Bauch war. Abgesehen davon glaube ich, dass ein Baby spürt, wie geliebt es ist. Anspannung und Angst vor dem, was sein wird, loszulassen und sich einzulassen auf das, was ist, ist nicht voll möglich, aber trotzdem wichtig. Es war wichtig für uns. Und auch wenn ich diese Tage nicht im klassischen Sinne genießen konnte, weiß ich heute: Wir haben Urlaub mit Samuel gemacht.

Da sind aber auch andere schöne Erinnerungen: Hannah kuschelt mit meinem Bauch, wenn sie traurig ist, und Samuel stupst sie an. Am Valentinstag führt Alex mich zum Essen aus und ich trage mein grünes Kleid, in dem man meine kleine Kugel gut erkennen kann. Unser erster Wochenendurlaub als Paar, seit wir Eltern sind, nur Samuel darf mitkommen und mit uns durch den Schnee stapfen, bis ich nach wenigen Metern schon völlig außer Atem bin.

Während ich das schreibe, kann ich nicht anders als zu lächeln. Ich bin dankbar. Für ihn und für uns alle.

Als ich Alex das erste Mal fragte, wie viele Kinder er möchte – das war noch lange vor unserer Hochzeit – sagte er ganz typisch: „Drei, damit alle noch ins Auto passen." Ich hatte eher an zwei Kinder gedacht. Und so kam es dann auch vorerst. Wir bekamen einen Jungen und ein Mädchen. Genau so, wie ich es mir immer gewünscht hatte. Es war perfekt. Wir fühlten uns vollständig.

Doch als Hannah ungefähr 18 Monate alt war, dachten wir daran, wie unser Familienleben später aussehen würde, wenn die Kinder größer sein würden. Welche Traditionen würden wir haben? Wo würden wir mit ihnen hinfahren? Und als wir so vor uns hinträumten, wurde uns klar, dass wir eine größere Familie haben wollten. Wir waren vier Kinder zu Hause und bei Alex waren es sechs. Zu viert Weihnachten feiern? Ja, das war schön, aber wir wollten noch mehr Leben in unserer Familie.

Ich wurde schwanger. Wir haben uns so gefreut! Für Ben stand sofort fest, dass er einen Bruder bekommen würde. Hannah war es noch vollkommen egal. Mir auch. „Hauptsache gesund!", sagt man doch immer. Ja, und dafür beteten wir.

Alles schien vollkommen normal zu verlaufen. Na ja, das

Baby war in der Kurve etwas kleiner als der Durchschnitt, aber schließlich bin ich auch recht klein und der große Bruder kam mit 2.550 g zur Welt. Also kein Grund zur Sorge.

Bis auf den einen. Denn ich habe lange auf Samuels erste Bewegungen warten müssen. Bens zarte Tritte konnte ich in der 17., Hannahs schon in der 16. Woche deutlich spüren. Man sah sogar schon, wie meine Bauchdecke sich für eine Sekunde hob, wenn ich flach auf dem Rücken lag. Aber unser drittes Kind spürte ich in dieser Zeit immer noch nicht. Als meine Frauenärztin mir wieder einmal sagte, dass alles in Ordnung sei, versuchte ich meine Sorgen zu verdrängen und wartete mühevoll geduldig auf die erste spürbare Bewegung meines kleinen Wunders. Ich legte mich auf den Rücken, versuchte, ganz ruhig zu atmen, mich nicht zu bewegen und konzentrierte mich auf meinen Körper – aber nichts. Nichts. Bis zur 20. Woche. Endlich. Alles ist gut.

Einen Tag nach unserem Kurzurlaub hatte ich den nächsten Routinetermin bei meiner Frauenärztin. An diesem Tag, es war wieder ein Freitag, war die Arzthelferin, die ich manchmal als etwas ruppig empfunden hatte, richtig lieb und fürsorglich. Es tat ihr weh zu wissen, dass mein Baby krank war, das habe ich ihr angesehen. Am Ende der Untersuchung schaute sich die Ärztin das CTG an und sah, dass die Herztöne von Samuel einmal kurz runtergegangen waren. Ich hatte es gar nicht gehört, da das Gerät sehr leise eingestellt und ich völlig in Gedanken versunken war. Weil sie um seinen Herzfehler wusste, schickte sie mich direkt in die Uniklinik. Nun lag ich wieder verkabelt auf einem Bett, doch diesmal saß Alex neben mir und hielt meine Hand. Zusammen lauschten wir den regelmäßigen Herzschlägen unseres kleinen Sohnes. Poch, poch, poch, poch. Ich hatte einerseits Angst, dass ausgerechnet jetzt alles gut sein und etwas übersehen würde, andererseits wollte ich nicht, dass das noch einmal passiert. Poch, poch, poch, poch. Alles schien normal, bis plötzlich kurz vor Ende des CTGs die Herztöne erheblich langsamer wurden und die Kurve nach unten ging. Die Ärztin stürmte herein und sagte, ich solle tief atmen. Das war schwierig, denn ich war am Weinen und hatte schreckliche Angst. Es fühlte sich an, als würden wir gerade die letzten Herzschläge unseres Babys hören. Doch langsam stabilisierte Samuel sich wieder.

Ich durfte nicht mal mehr nach Hause, um meine Sachen zu packen. Für zwei Tage sollte ich in der Uniklinik bleiben, zur Beobachtung und um die Reifungsbeschleunigung für die Lungen unseres Babys zu bekommen. Eigentlich wollte Alex an diesem Abend mit Ben am See zelten und ich wollte mit Hannah einen Mädchenabend verbringen. Schokofondue stand auf unserem Plan. Doch nun fuhr Alex mit beiden Kindern zum Zelten. Vorher brachten sie mir meine Sachen vorbei. Als sie zur Tür hereinstürmten, sah ich zwei große Kinder, die bereit waren, jedem nur denkbaren Abenteuer entgegenzutreten. Ich war noch gar nicht lange von zu Hause weg und hatte sie schon so vermisst.

Diese zwei Tage sah ich als Gelegenheit, mich auszuruhen, zu schreiben und zu beten. Den Gedanken, dass mein Baby sterben könnte, schob ich immer noch mehr oder weniger erfolgreich von mir. In meinem Zimmer waren zwei weitere Betten. Die Frauen wechselten – Verdacht auf Schwangerschaftsvergiftung, extreme

Übelkeit in der Frühschwangerschaft, Warten auf die OP an der Plazenta von Zwillingen. Wir unterhielten uns kaum. Jede von uns war mit den Sorgen um das eigene Kind beschäftigt.

Der Freitag und der komplette Samstag verliefen unauffällig, sodass ich schon davon ausging, am Sonntag nach Hause zu dürfen. Doch alles kam ganz anders. Und das war gut so. Das war Gottes Antwort auf unser Gebet um ein Wunder.

Im Krankenhaus kann man nie lange schlafen, aber am Sonntag läuft doch alles etwas ruhiger. Während ich darauf wartete, dass die Dusche frei wird und mein Frühstück kam, schlich die Hebamme mit dem CTG um mich herum und wartete darauf, dass sie mich verkabeln konnte. Aber das Frühstück war immer noch nicht da, und so begann sie schon damit, den Herzschlag meines Babys zu suchen. Das erwies sich schon häufiger als Geduldsprobe, doch diesmal schien es so, als würde Samuel sich besonders tief verstecken. Die Hebamme verließ den Raum, um irgendetwas zu holen, wie sie sagte. Doch kurz darauf stürmten eine junge Ärztin, eine Krankenschwester und die Hebamme in mein Zimmer. Die Ärztin setzte sich zu mir und sagte: „Ich konnte auf dem Monitor das CTG beobachten und es hat mir gar nicht gefallen. Wir wollen das Kind holen."

Moment mal, war nicht die Rede davon, dass ich heute nach Hause darf? Das hatte ich doch vor wenigen Minuten meiner Schwester geschrieben. „Wann denn heute?", fragte ich überrascht. – „JETZT." Die Ärztin wollte nicht einmal warten, bis Alex da sein würde. Während ich ihn anrief und unter Tränen stotterte: „Schatzi, die wollen das Baby jetzt holen", zogen mich die Hebamme und die Krankenschwester bereits aus.

Alex brachte Ben und Hannah sofort zu unseren Freunden.

Amy und Andy und ihre drei Jungs sollten uns auch in den nächsten Wochen immer wieder eine wertvolle Stütze sein. Dann raste Alex über die Autobahn ins Krankenhaus. Aber er fand dort nur ein leeres Bett vor, ich war schon längst im OP. Der Raum war kalt und das Blau der Kittel und Tücher trug noch dazu bei. Ich bekam die Spinalanästhesie in den Rücken, doch dabei verkrampfte ich mich und Samuels Herztöne wurden wieder langsamer. Wieder war da dieses poch … poch … poch … Tief durchatmen und noch einmal versuchen. Rücken beugen, aber in den Bauch atmen. Irgendwann hat es endlich geklappt. Die Krankenschwestern und Ärzte fummelten an mir herum, aber das war mir jetzt egal. Ich hatte mich schon längst von meinem Körper distanziert und ließ alles über mich ergehen. Wieder schien alles einfach nur unwirklich, wie ein merkwürdiger Traum.

Dann ging es los, der erste Schnitt. Die Anästhesistin redete beruhigend auf mich ein und hielt mich auf dem Laufenden. Ich war sehr nervös, aber nicht hysterisch, nicht verzweifelt, sondern dachte die ganze Zeit darüber nach, wie es Samuel ging, und ich bat Gott, ganz nah bei ihm zu sein.

Irgendwann hatte ich das Gefühl, „leerer" zu sein, aber niemand sagte mir etwas. Erst einige Minuten später informierte mich die Ärztin darüber, dass Samuel samt Fruchtblase bereits bei den Kinderärzten in guten Händen war. Die Nervosität, die sich in mir breit machen wollte, unterdrückte ich, weil ich unbedingt die Ruhe bewahren wollte. Ich wollte für mein Baby da sein.

Während ich versorgt wurde, sah ich über mir plötzlich ein

besorgtes Gesicht. Alex war endlich da, mit blauem OP-Hemd, Mütze und Mundschutz.

Er durfte schließlich zu unserem kleinen Samuel, der nach anfänglichen Atemschwierigkeiten stabil war. Im Bericht steht, dass Samuel in seiner 20. Lebensminute dem Vater vorgestellt wurde.

Alex pendelte zwischen der NIPS (Neugeborenenintensivpflegestation) und dem Kreißsaal, in den ich gebracht worden war. Ich war sehr müde. Einerseits waren meine Augen schwer und andererseits wollte ich am liebsten aufspringen und zu meinem Kind laufen. Irgendwann kam die Hebamme zu mir und zeigte mir ein Foto von unserem Frühchen. Sie erzählte mir, dass er 39 Zentimeter groß war, 1.220 Gramm wog und einen Kopfumfang von 29 Zentimetern hatte. Ich war glücklich und besorgt und stolz und ungeduldig. Aber ich musste noch ungefähr zweieinhalb Stunden warten, bis man mich mit meinem Bett endlich zu ihm schob.

In dem Moment, als uns klar wurde, dass Samuel per Kaiserschnitt zur Welt kommen würde, begann ich dafür zu beten, dass er sich nie allein fühlt. Es war eine schreckliche Vorstellung für mich, dass er aus seinem warmen Schutzraum herausgerissen wird und sich plötzlich ausgeliefert fühlt. In meiner Vorstellung war es kalt und laut und viel zu viel. Darum malte ich mir aus, wie ein Engel oder Jesus selbst die ganze Zeit über an seiner Seite war, sichtbar und spürbar für ihn. Ja, er war in den besten Händen!

Das erste, was Alex mir über unseren kleinen Sohn sagte, außer, dass es ihm gut ging, war: „Er ist so klein." Und er war wirklich klein, so winzig und zart. Mein Bett wurde neben seinen Inkubator geschoben, in dem er auf dem Bauch lag, die CPAP-Maske, die er zur Atemunterstützung brauchte, rauschte. Ich fing an zu weinen. Er war so klein! Seine Haut war ihm noch viel zu groß. Aber sein Herz schlug. Er lebte!

Ich konnte mich nicht gut bewegen, aber ich wollte ihn wenigstens kurz streicheln. Bevor ich mein winzig kleines Baby berühren durfte, musste ich mir die Hände desinfizieren. Ich kam nicht an die Flasche heran, die an der Wand befestigt war. Alex füllte sich die Hände mit dieser streng riechenden Flüssigkeit und goss sie auf meine. Während er sich hier schon sicher zu fühlen schien, befand ich mich in einer fremden Welt. Hier gehörte ich nicht hin. Alles war falsch.

Ich drehte mich, so gut ich konnte, auf die Seite und streckte meine Hand durch die Öffnung des Inkubators, um sie auf Samuels nackten Rücken zu legen. Was für zarte und flauschige Haut er hatte!

Unser kleines Wunder. Er war perfekt. Und so süß.

Alles war so schnell gegangen. Wir wurden plötzlich aus unserem normalen Leben gerissen. Nun war er da und die Zeit blieb stehen.

Ich war nicht lange bei Samuel, und auch später am Nachmittag, als ich wieder zu ihm geschoben wurde, konnte ich nur kurz bleiben. Ich fühlte mich ein wenig benebelt und kraftlos. Am liebsten wäre ich die ganze Zeit bei ihm geblieben, aber abgesehen davon, dass mein Bett viel zu sperrig war, sollte ich mich erholen, damit ich für ihn da sein konnte. In meinem Zimmer konnte ich aber kaum schlafen. Ich wartete.

Ich wartete auf Alex und die Kinder. Ich wartete auf die Thrombosespritze. Ich wartete auf mein Essen. Aber wahrscheinlich wartete ich vielmehr darauf, endlich aufzuwachen und zu erkennen, dass das alles nicht die Wirklichkeit war.

Inzwischen lag im Bett neben mir eine 25-jährige Frau. Sie weinte ununterbrochen und auch ihre Besucher weinten alle. Sie erzählte mir, dass sie in der 17. Woche schwanger war und nun festgestellt wurde, dass ihr Bauch nicht schon so groß war, weil das Baby gewachsen war, sondern weil es sich um Gewebe, vielleicht sogar um einen Tumor handelte. Falls das Baby überleben sollte, was sehr unwahrscheinlich war, würde es nicht gesund sein. Nun stand das junge Paar vor der Entscheidung, die Schwangerschaft fortzuführen oder abzubrechen. Sie waren so schrecklich traurig und ich war auch traurig. Traurig darüber, was für schreckliche Dinge es gibt. Wir redeten hin und wieder miteinander, aber ich hatte nicht den Kopf, richtig auf sie einzugehen. Jetzt hätte ich ihr gerne so vieles gesagt. Als ich ihr von Samuel erzählte, sagte sie: „Seien Sie froh. Ihr Kind lebt wenigstens, meins wird sterben." Ich sagte ihr nicht, was ich dachte: dass ich nicht weiß, wie lange mein Kind leben wird. Dass ich nicht weiß, ob es gesund ist.

Später sagte sie noch: „Ich bin 25. Ich kann doch kein behindertes Kind bekommen." Diese Worte trafen mich tief. Ich war traurig für ihr Kind und für sie.

Meine Gedanken drehten sich wieder um Samuel. Er sah für uns perfekt aus. Nur eine Kleinigkeit konnten wir nicht leugnen: seine ungewöhnliche Stellung der Finger. Seine Zeigefinger lagen immer auf dem Mittelfinger. Ich glaube, wir wussten beide von Anfang an, dass Samuel nicht gesund war, aber solange wir nichts Genaues wussten, hofften wir weiter. Fest steht aber auch, dass es nichts geändert hätte. Samuel war und ist unser Sohn, der von Gott in meinem Bauch geschaffen wurde und aus Liebe entstanden ist. Und als wir ihn zum ersten Mal sahen, war die Angst, dass er behindert sein könnte, plötzlich in den Hintergrund gerückt. Wir liebten ihn einfach so, wie er war. So wie er war, wollten wir ihn nach Hause nehmen und für ihn sorgen und unser Leben zu fünft weiterführen. Er war ein Geschenk. Er war unser. Oder nicht?

Gott hat einen guten Plan

Wir Menschen haben Träume und machen Pläne, aber Gott schreibt letztlich die Geschichte. Ich würde mich gerne einmischen, manche Kapitel umschreiben oder streichen. Korrigieren. Weil ich es besser weiß. Weil ich kein Vertrauen habe. Doch glaube ich wirklich, dass Gott es nicht gut mit mir meint? Nach all dem, was ich bisher mit ihm erlebt habe?

Und dann sind da diese Bibelverse:

> *„Denn ich weiß genau, welche Pläne ich für euch gefasst*
> *habe", spricht der Herr. „Mein Plan ist, euch Heil*
> *zu geben und kein Leid. Ich gebe euch Zukunft und*
> *Hoffnung".*
> Jeremia 29,11; NL

Gott ist gut. Immer wieder rufe ich mir diese Wahrheit ins Gedächtnis. Gott ist gut.

Hätte ich nicht erlebt, dass Gott gut ist, dass er souverän ist; wüsste ich nicht, dass er mich liebt, dann würde ich meinen: Es gäbe ihn nicht. Oder ich würde denken: Er kann nicht gut oder nicht mächtig genug sein, um das Böse zu besiegen. Trotzdem werden hin und wieder Zweifel in mir laut, die fragen: Will Gott einfach kein Glück für mich? Vielleicht will er mich bestrafen oder mir eine Lektion erteilen? Habe ich zu wenig auf mich aufgepasst? Für welche Sünde will Gott mich bestrafen?

Aber ich kenne Gott. Nur bruchstückhaft, weil er unendlich groß und nicht zu fassen ist. Aber gut genug, um zu wissen, dass all dies Lügen sind. So ist mein Gott nicht. Zukunft und Hoffnung hat er mir versprochen.

„Gott hat *alles gut* geschaffen. Ist es möglich, dass auch die Dinge, die dem Willen Gottes scheinbar zuwiderlaufen, von ihm genutzt werden, um seinen Willen auszuführen? Was böse scheint, wirkt nur aus einer gewissen Perspektive heraus böse, so wie die Augen den Schatten je nach Standort unterschiedlich sehen. Über den Wolken hört das Licht nie auf zu scheinen."[2]

(Im Kapitel „Gott ist dennoch gut" schreibe ich mehr darüber, was diese Erfahrungen mit meinem Glauben und meinem Gottesbild gemacht haben.)

---

2 Ann Voskamp, Tausend Geschenke: Eine Einladung, die Fülle des Lebens mit offenen Armen zu empfangen, Asslar: Gerth Medien 2014, S. 99.

Ich darf vertrauen

Es zählen nicht die „Fehler"

Einen Tag nach Samuels Geburt wurde ich in einem Rollstuhl zu ihm gefahren. Ich war dankbar dafür, denn ich hatte starke Schmerzen. Doch es war absolut furchtbar, auf andere angewiesen zu sein, um zu meinem Kind kommen zu können.

Samuel lag nun mit Augenbinde und seiner Atemmaske in warmem, grellen Licht. Hoffentlich würde er diese bald loswerden, das konnte doch nicht bequem sein! Und dann ständig dieses Rauschen in seinem Ohr.

Ich fühlte mich macht- und hilflos. Ist es nicht meine Aufgabe, mein Kind zu beschützen? Und nun war das einzige, was ich tun konnte, beten, dass dieses wundervolle Kind meine Liebe spürt, obwohl ich nicht so für Samuel da sein konnte, wie ich wollte und sollte. Es tat weh, dass sich andere Menschen um ihn kümmerten und ich nichts tun konnte, als zu versuchen, ein paar Tropfen Milch abzupumpen. Aber ich durfte bei seiner Versorgung mithelfen, ihm eine Mini-Windel anlegen und dabei seine Temperatur messen, was beim ersten Mal sehr schwierig war, weil er so klein und so zart war. Er wirkte so zerbrechlich, dass ich nicht genau wusste, wie ich ihn anfassen sollte. Dann durfte ich seinen Mund mit einem Wattestäbchen befeuchten und seine Lippen eincremen. Endlich konnte ich wenigstens ein klein wenig für ihn tun.

Ben und Hannah waren sehr gespannt auf ihren neuen kleinen Bruder. Am Nachmittag marschierte Ben in mein Zimmer, als wäre er auf einer Mission: „Wo ist Samuel? Wo ist Samuel?" Es war schwer für die Kinder zu verstehen, dass sie einen Bruder haben, ihn aber nicht sehen konnten. Sie haben mich mit Baby im Bauch ins Krankenhaus gebracht – und nun war keins da. Sie würden sich noch etwas gedulden müssen, bis sie zu ihm gehen durften.

Ich wollte die ganze Zeit über bei Samuel sein, ihn versorgen und halten, aber auch für unsere beiden Großen da sein. Wie lange sollte ich im Krankenhaus bleiben? Samuel würde mindestens sechs Wochen lang bleiben müssen. Ich konnte mir nicht mal eine weitere Woche vorstellen, weil mich die ganze Krankenhausatmosphäre niederdrückte. Ich wollte zu Ben und Hannah. Ich wollte bei Alex sein. Aber ich konnte doch nicht ohne Samuel von hier wegfahren! Eine der Ärztinnen, selbst Mutter von drei Kindern, hatte mir geraten, bald nach Hause zu fahren. Sie war der Meinung, dass ein langer Krankenhausaufenthalt sehr an den Kräften und Nerven zehren würde. Wir waren uns immer noch nicht sicher, was wir nach meiner Entlassung tun würden.

Inzwischen war meine Mutter zu uns gekommen, um Alex mit Ben und Hannah zu helfen, schließlich musste er noch für seine letzte Prüfung lernen. Zu diesem Zeitpunkt konnte Alex auch mal allein zu mir kommen. Das tat so gut! So hatten wir einige Momente, um in Ruhe zu reden oder uns schweigend zu umarmen. Alex war die einzige Person, mit der ich vollkommen ehrlich sein konnte. Allein seine Gegenwart, seine Umarmung gaben mir das Gefühl von Halt und Sicherheit.

Nach drei Tagen wog Samuel nur noch 1.100 Gramm. Wie alle Neugeborenen nahm er erstmal ab. Er wurde über eine Magensonde ernährt. Aber als ich an diesem Morgen zu Samuel kam, erwartete mich eine Überraschung. Mein kleines Baby lag ohne Maske da und hatte super Werte. So ein hübscher, süßer Junge! Und man konnte nun gut erkennen, wie ähnlich er Ben sah. Irgendwann hielt er seine Nase aber mit der Hand fest, so als würde er die Maske vermissen.

Es gab zwei weitere Highlights an diesem Tag. Das erste war, dass Ben seinen kleinen Bruder zum ersten Mal sehen durfte – endlich. Die Kinder wurden vor dem Besuch erst kurz von einem Arzt untersucht. Hannah hatte einen geröteten Hals und weigerte sich, den Mundschutz aufzusetzen, daher musste sie sich noch gedulden. Wahrscheinlich hätte es geklappt, wenn dieser pink gewesen wäre. Der große Bruder hat unser Baby ganz zart gestreichelt und sich riesig gefreut. Ich war so stolz. „Wie eine Puppe", stellte er fest. Er hätte noch lange am Inkubator stehen und gucken können. Bevor er ging, zog er noch am Band der Spieluhr, die wir beide für Samuel ausgesucht hatten – ein Esel mit einem grünen Shirt.

Das dritte, was diesen Tag so besonders machte, war, dass ich Samuel zum ersten Mal halten durfte. Das war sehr kompliziert, weil er an vielen Kabeln und Schläuchen hing. Aber ich genoss es, mein Baby endlich wieder bei mir zu haben. Es war ein unbeschreibliches Gefühl. Er lag leider nicht auf meinem Bauch, sondern auf meinem Arm, da die Schwester befürchtete, es würde ihm wegen seiner Hüfte nicht guttun.

Das war auch noch so eine Sache. Zum Herzfehler und dem Fehler im Gehirn kam noch eine Hüftfehlstellung. Wie viele Fehler wollten sie ihm noch zuschreiben? Gemessen an der medizinischen Norm konnte man sie nicht leugnen, ja. Aber ich mochte diese Bezeichnungen nicht. Schließlich ist es *mein* Kind, über das man so sprach! Die Art, wie der Kinderorthopäde mir diese weitere Diagnose übermittelt hatte, hätte nicht unsensibler sein können. Er sagte: „Normalerweise würde man das Kind nach einem Jahr operieren, aber wir müssen sehen, ob es bei ihm Sinn macht." Er hätte mich auch einfach ohrfeigen können. Was wollte er mir denn damit sagen? Bei mir kam an: Ihr Kind ist es nicht wert, dass man diesen Aufwand betreibt. Heute denke ich, er hatte bereits die Vermutung, dass Samuel nicht lange leben würde. Doch selbst wenn er das gewusst haben sollte: Darf er einer Mutter so etwas sagen?

Wenn ich Samuel ansah, sah ich Perfektion. Er war wunderschön. Aber was auch ich nicht übersehen konnte, war, wie schon erwähnt, seine „Fehlstellung" der Finger. Sie erinnerte mich an den behinderten Bruder einer Freundin. Ich versuchte, sie gerade zu streichen, doch das brachte nichts. Aber das musste doch nichts bedeuten, oder? Ich wollte die Hoffnung nicht aufgeben, dass mein Junge gesund werden könnte. Ich wollte weiterhin daran glauben.

Samuel – unser kleiner Vogel

In den nächsten Tagen machte Samuel sehr gute Fortschritte. Er begann zuzunehmen, machte die immer längeren Pausen von der Maske gut mit und war recht stabil. Nur seine Verdauung wollte noch nicht richtig funktionieren, was einerseits normal war, aber auch gut beobachtet werden musste, damit kein ernsteres Problem entsteht. Eine meiner ersten Fragen war jeden Morgen, ob sein Windel voll war. Ich hätte vorher nie gedacht, dass man sich darüber freuen könnte.

Sein schwerwiegenderes Problem war allerdings seine Herzmuskelverdickung. Scheinbar hatte sein Herzchen schon in meinem Bauch Höchstleistungen erbringen müssen. Da Lungen- und Körperkreislauf nicht getrennt waren, sondern beide von einer Herzkammer ausgingen, war das Blut in seinem Körper nicht ausreichend mit Sauerstoff gesättigt. Aufgrund seines Herzfehlers würde er nie 100 Prozent Sauerstoffsättigung erreichen, aber 80 Prozent sollte er haben.

Ich saß so viel bei ihm, wie mein Körper mir erlaubte. Manchmal tat mein Bauch an der Narbe ziemlich weh oder mein Rücken vom vielen Sitzen und Stehen, und ich hätte mich nach einer halben Stunde wieder ins Bett legen können, weil ich einfach erschöpft war. Aber ich blieb länger, wollte meine Hand auf ihn legen und wenigstens die Dinge tun, die ich tun konnte: wickeln, Temperatur messen, Mundpflege. Und auf meinem Zimmer konnte ich dann Milch abpumpen.

Inzwischen war ich auf die Neugeborenenstation gezogen und teilte mir ein Zimmer mit einer jungen Frau und ihrem zweiten Sohn. Das fiel mir nicht so schwer, wie ich erwartet hatte. Die Blumen, die meine Freundinnen mir mitgebracht hatten, hellten die Stimmung ein wenig auf. Ich verstand mich gut mit meiner Zimmernachbarin. Ihr Mann ermutigte mich und erzählte, er sei auch in der 34. Woche zur Welt gekommen. Das waren wirklich liebe Menschen.

Und auch die Schwestern auf der NIPS waren sehr lieb, zu den Kindern wie den Eltern. Sie hatten immer süße Kosenamen für die Kleinen auf Lager: Männlein, mein Freund, und eine Schwester sagte manchmal „kleiner Vogel" zu den Babys.

Als ich das hörte, hatte ich direkt dieses Bild vor Augen, wie sich ein kleiner Vogel auf einem Zaun absetzt, sich etwas umsieht und bald darauf wieder davonfliegt. Obwohl wir zu diesem Zeitpunkt noch nichts von Samuels Gendefekt wussten, musste ich daran denken, dass er sich vielleicht auch wie ein kleiner Vogel nur kurz bei uns niederlässt und schon bald wieder davonfliegt. Ich wünschte, ich hätte mich geirrt. Doch nachdem wir von der Diagnose erfahren haben, wurde uns bewusst, dass es wirklich ein passendes Bild für ihn war. Seitdem ist Samuel unser kleiner Vogel.

Es war so schön, Samuel zu halten, aber ich konnte ihm bisher noch keinen Kuss geben und nicht so eng kuscheln, wie ich wollte. Er lag auf meinem Arm, während ich regungslos dasaß, um seine Kabel nicht zu ziehen. Ich kam nicht an seinen kleinen Kopf mit den dunklen Haaren ran, um ihn mit meinen Lippen oder meiner Wange zu berühren. Das fehlte mir wirklich. Mein kleiner Sohn. Ich hatte ihn so lieb!

Gott hört mich, auch wenn ich keine Worte finde

14. Juni 2013

Ach, mein Vater, gestern Nachmittag war so hart. Alex hat Samuel gehalten, länger als erwartet. Dabei hatte er den Kindern eigentlich versprochen, nicht zu lange weg zu bleiben. Als ich anrief, um Bescheid zu sagen, hatte Ben schon eine ganze Weile geweint. Er hat immer noch geschluchzt, als wir telefoniert haben. Ich konnte kaum reden, weil ich auch weinen musste. Ich konnte es nicht aushalten, dass er so gelitten hat. Hannah ging es gut, aber Ben hat nur nach Papa gerufen. Daraufhin bin ich auch mit nach Hause gefahren. Ben hat erst aufgehört zu weinen, als ich unterwegs noch mal angerufen und gesagt habe, dass ich auch komme. Es war so schwer! Umso schöner war die Freude. Die Kinder konnten nicht aufhören zu erzählen. Sie waren so aufgedreht und Hannah hat ständig gekichert. Dann hab ich sie ins Bett gebracht. Ist klar, dass sie etwas gebraucht haben, um einzuschlafen. Es tat so gut!

Als Alex mich nach dem Besuch zu Hause wieder zur Klinik gefahren hatte, haben wir uns noch eine halbe Stunde Zeit genommen, um mit einem Milchshake in der Hand spazieren zu gehen. Diese wenigen Momente, die wir zu zweit hatten, waren umso kostbarer und gaben uns beiden Kraft.

Dann ging ich noch einmal zu Samuel. Es war schon nach 22 Uhr. Als ich in den Raum trat, erlebte ich wieder eine Überraschung. Er sollte gleich „gebadet" werden. Mein kleiner Junge war ganz nackig, ohne Maske und schaute mit seinen dunklen, wachen Augen durch die Gegend. So wach hatte ich ihn bisher noch nicht erlebt. Im Inkubator lag eine Waage und in die Schale wurde Samuel gelegt. Es war einfach herrlich! Seine Füße übereinander geschlagen chillte der kleine Mann, als läge er auf einem Liegestuhl. Zu schade, dass ich keine Kamera dabei hatte! 40 Gramm zugenommen – bravo! Es war unbeschreiblich schön, sein hübsches, feines Gesicht richtig zu sehen, seine Nase zu streicheln.

Dann durfte ich ihn waschen. Anfangs unsicher, aber doch mit Genuss wusch ich die zarte Haut meines Babys mit warmem Wasser. So schön sich das jetzt anhört, war es für ihn leider nicht. Mit seinem leisen Stimmchen protestierte er dagegen. Er mochte es, wenn wir unsere Hand auf ihn legten, aber nicht, wenn jemand etwas mit ihm machte.

Am nächsten Tag durfte ich Samuel ohne Maske halten. Die Schwester legte ihn mir auf die nackte Brust, so wie ich es mir immer gewünscht hatte. Ich durfte endlich „känguruhen". Er war eingehüllt in einen flauschigen Wollkokon, aber ich konnte seine Wange auf meiner Haut spüren und die Bewegungen seiner nackten Ärmchen. Als sich seine Aufregung gelegt hatte, entspannte er sich und genoss meine Nähe sichtlich. Ich hätte ewig so mit ihm dasitzen können …

Seit Samuel geboren war, fiel es mir schwer, „normal" zu beten. Ich schrieb meine kurzen Gebete nieder. Wenn Alex und ich die Möglichkeit hatten, beteten wir zusammen. Aber es fiel mir schwer, allein zu beten. Doch die Gebete anderer in Form von Musik zu hören, ließ mich durchatmen, weinen und half mir zu vertrauen. Wenn ich heute bestimmte Lieder höre, sehe ich mich mit der Milchpumpe auf meinem Bett sitzen – inzwischen im Begleitpersonenzimmer, weil ich entlassen worden war –, mit Kopfhörern in den Ohren und Tränen in den Augen.

In diesem Zimmer waren wir vier Mütter, die alle darauf warteten, mit ihren Babys nach Hause zu dürfen. Da waren die Zwillinge, die zunehmen mussten, das kleine Mädchen, das kurz nach der Geburt schon wegen eines Nierentumors operiert werden sollte, und der Junge, der etwas am Gehirn hatte. Und unser Samuel. Wir sahen einander nicht oft, weil jede ihren eigenen Rhythmus von Milchabpumpen, Füttern und Kuscheln hatte. Und wenn mal der Ehemann einer anderen Frau zu Besuch war, dann wurde trotzdem abgepumpt, denn die Zeit war kostbar. Es gab Wichtigeres als Schamgefühl. Wir gaben alle unser Bestes für unsere Kinder.

Wir müssen loslassen und werden gehalten

Samuel war eine Woche alt. Ich habe mich am Morgen noch darüber gefreut, seinen „Geburtstag" zu feiern. Nach dem Frühstück ging ich auf die NIPS, und ein Arzt sagte mir im Vorbeigehen, dass er gleich zu mir kommen würde. Ich konnte mir nicht vorstellen, was er mir mitteilen wollte, denn über den aktuellen Zustand unseres Jungen klärte uns immer die zuständige Schwester auf.

Schließlich kam er und sagte mir, dass sie schon in der Nacht eine Infektion bei Samuel vermutet hätten. Der Schwester, die Samuel mit mir gebadet habe, sei aufgefallen, dass er blass geworden war. Die Infektion habe sich bestätigt. Er bekäme bereits Antibiotika und man ließ ihn so viel wie möglich in Ruhe liegen.

Ich stand erst mal nur da und versuchte zu begreifen, was los war. Irgendwann fing ich an zu weinen und eine Schwester versuchte, mich zu beruhigen. Ich blieb bei Samuel sitzen, legte meine Hand auf ihn und versuchte, mir nicht zu viele Sorgen zu machen. Das war schwer. Er war blass, seine Brust hob und senkte sich im Takt seiner schnellen Atmung, und ständig piepte sein Monitor, weil seine Werte immer wieder sanken. Es erschreckte mich zu sehen, was er alles brauchte, um am Leben gehalten zu werden. Bis zu acht Infusionen liefen gleichzeitig. Samuel war doch noch so klein und dünn und wurde vollgepumpt mit Medikamenten! Dennoch bin ich dankbar für die aufmerksame Schwester und das schnelle Reagieren der Ärzte.

Als ich am Nachmittag wieder zu ihm kam, stand gerade der Professor vor seinem Bett. „Ja, Frau Neufeld, sieht schlecht aus heute." Dieser Satz und sein gesenkter Blick nahmen mir alle Hoffnung. Samuels Herz ging es schlechter. Außerdem brauchte er nun nicht nur eine Atemunterstützung, sondern auch Sauerstoff. Ich war richtig fertig. Die Ärzte bereiteten alles vor, um Samuel einen Herzkatheter zu legen. Ich musste rausgehen. Es hieß, es würde zwanzig bis dreißig Minuten dauern, plus Zeit zum Röntgen. Dann würde man mich anrufen.

Ich ging auf mein Zimmer und rief Alex an. Ich versuchte, ruhig zu bleiben, zu beten und zu hoffen. Alex ließ unsere beiden Großen bei unseren Nachbarn und kam sofort zu mir in die Klinik. Wir hielten uns fest und warteten. Anfangs war keiner von uns in der Lage, ein lautes Gebet zu sprechen, doch irgendwann gelang es wenigstens ihm.

Wir warteten. Als die erste Stunde vergangen war, fingen wir an, mit dem Schlimmsten zu rechnen. Waren wir bereit, Samuel schon gehen zu lassen? Nach nur einer Woche? Die Minuten schlichen nur so dahin. Ich sagte: „Vielleicht wird ja doch noch alles gut." Und Alex antwortete: „Das auf jeden Fall, was auch passiert!"

Es hat fast zwei Stunden gedauert, bis wir den ersehnten Anruf bekamen. Alles sei in Ordnung. Es hätte etwas länger gedauert, aber in zwanzig Minuten könnten wir zu ihm. Diese zwei Stunden gehörten zu den bis dahin schwersten in unserem Leben. Und ich will mir gar nicht vorstellen, wie es für Samuel gewesen sein muss, der durch den Infekt berührungsempfindlich geworden war. Doch damit die Medikamente direkt in sein Herz kommen konnten, war dieser Katheter nötig.

Als wir zu Samuel kamen, schlief er. Er war so blass. Aber er atmete und sein Herz schlug.

Werden wir ihn überhaupt mit nach Hause nehmen können? Diese Frage hatte ich mir schon länger nicht mehr gestellt und nun war sie wieder da. Eine Antwort konnte mir noch niemand geben. Gott allein ist Herr über Leben und Tod. Er konnte ihn heilen. Aber würde er es tun?

Am nächsten Tag ging es Samuel etwas besser. Die Medikamente zeigten ihre Wirkung. Er kämpfte immer noch gegen die Infektion, war blass und brauchte Sauerstoff. Aber er war nicht mehr so berührungsempfindlich, und vor allem: seinem Herzen ging es besser – endlich! Allerdings blieb es nun dabei, dass er keine CPAP-Pausen mehr machen konnte.

Samuel hatte wohl auch keine Kraft mehr, sein Essen zu verdauen. Das war auch immer so eine spannende Sache, ob er seine Milchportionen überhaupt verdaute oder noch Reste in seinem Magen blieben. Durch die Magensonde kann man nämlich nicht nur Milch geben, sondern auch nachsehen, ob die letzte Portion überhaupt verdaut worden war.

Nun stellte sich wieder die Frage, ob ich wirklich schon nach Hause gehen konnte. Wir hatten uns entschieden, dass ich Mitte der Woche zurückgehen würde. Ben zählte die Tage. Aber Samuelchen in diesem Zustand allein hier lassen?

Getröstet hat mich das Wissen, dass viele Menschen für uns beteten. Unsere Familien und Freunde, unsere Gemeinde, die Mitarbeiter und Studenten des Bibelseminars Bonn und Menschen, die wir gar nicht kannten. Es tat gut zu wissen, dass auch andere mitfieberten und im Gebet um Samuels Leben kämpften. Ich hatte nach dem ersten Schock durch die Infektion neue Hoffnung geschöpft, wurde langsam wieder ruhig. Sooft ich konnte, wollte ich bei Samuel sein. Ich liebte ihn jetzt schon so sehr. Er war mein Sohn. Wie schnell man sich daran gewöhnt!

Und tatsächlich: Am nächsten Tag war der Entzündungswert um die Hälfte gesunken. Samuels Herz ging es besser, seine Blässe war verschwunden und nachts hatte er sogar ohne Hilfe zwei volle Windeln. Auch Magenreste hatte er keine mehr und bekam schon 16 Milliliter Milch pro Portion. An diesem Tag hatte Alex seine letzte Examensprüfung. Er war nur schwer zum Lernen gekommen, weil die Kinder sehr an ihm geklammert hatten. Selbst bei ihren Freunden, zu denen sie sonst gerne gingen, wollten sie nicht ohne ihn bleiben. Also hat er dort gelernt, während die Kinder gespielt haben. Seine Note ist nicht so gut ausgefallen wie erhofft, aber das war egal. Er hatte bestanden und damit konnten wir dieses Thema endlich abhaken. Eine Sorge weniger. Gottes Timing ist so gut. Zwei Tage später hätte er sich nicht mehr auf didaktische Theorien konzentrieren können.

Ich tat alles, was ich konnte. Versuchte, alles richtig zu machen. Ich stellte mir auch nachts den Wecker, um Milch abzupumpen, achtete auf meine Ernährung, hielt mich an die Besuchszeiten und die Hygieneregeln. Ich traute mich nichts ohne die Erlaubnis der Schwestern an meinem eigenen Kind zu tun, wodurch ich mich noch hilfloser fühlte. Auch auf den anderen Stationen, auf die er später verlegt wurde, beachtete ich diese Regeln, bis ich verstand, dass es dort nicht mehr so streng zuging wie auf der NIPS.

Als meine Mutter und meine Schwestern Tatjana und Natalia da waren, um Samuel zu besuchen, machte ich Natalia darauf aufmerksam, dass ihr Freund, der auch mitgekommen war, nicht zu Samuel dürfe, weil er ja nicht Familie sei. Ich fühlte mich ganz blöd dabei, weil er sich schon damals wie Familie anfühlte, aber ich wollte die Regeln beachten, alles richtig machen. Als hinge etwas davon ab, als hätte ich dadurch Einfluss auf den Verlauf der Geschichte. Ich sah nicht, dass ich mich und andere dadurch mancher Chancen beraubte und es mir schwerer machte, als es ohnehin schon war. Richtlinien sind wichtig und hilfreich, aber Gesetzlichkeit ist nicht gesund. Seitdem ich das erkannt hatte, bin ich gelassener geworden, bin es immer noch. Ich bin nach wie vor ein korrekter Mensch, aber ich habe gelernt, das Leben leichter zu nehmen. Loslassen, Kontrolle abgeben – das befreit.

Ein Chromosom mehr mindert die Liebe nicht

Diagnose Trisomie 18

Zehn Tage nach Samuels Geburt, er war inzwischen schon wieder fast fit, wurde mir angekündigt, dass am Nachmittag die Oberärztin mit mir sprechen wolle. Die Erfahrung hatte mich gelehrt, dass das kein gutes Zeichen war. Als wir uns schließlich allein in ein Zimmer zurückgezogen hatten, sagte sie mir, dass die Ergebnisse der genetischen Untersuchung da wären. Die Humangenetiker hatten zwei Verdachtsdiagnosen, als sie sich Samuel angesehen hatten. Die erste davon war Freie Trisomie 18, die zweite eine Mosaiktrisomie, was bedeuten würde, dass nicht alle Zellen von der Trisomie betroffen wären. Doch es hatte sich der erste Verdacht bestätigt. Mein Baby hatte Freie Trisomie 18, auch Edwards-Syndrom genannt.

Es ist eine nicht erblich bedingte Chromosomenstörung, bei der das 18. Chromosom jeder Zelle dreifach vorhanden ist. Die Symptome sind sehr unterschiedlich und reichen von organischen Fehlbildungen bis hin zu äußeren Auffälligkeiten wie die Überlagerung der Finger, die sogenannten „Tintenlöscherfüße"

und die verkürzten großen Zehen, die auch bei Samuel aufgefallen waren. Die Ärztin führte weiter aus, dass 80 Prozent der
Kinder mit dieser Erkrankung schon im Mutterleib sterben. Später erfuhr ich, dass sich die meisten Eltern nach einer Diagnose
während der Schwangerschaft für einen Abbruch entscheiden.

Ich war bis dahin noch recht gefasst. Aber dann sagte sie:
„Nur wenige Kinder werden älter als ein Jahr. Die meisten leben
nicht länger als wenige Wochen. Wir müssen sehen, wie sich der
Zustand seines Herzens entwickelt." Diese Information habe ich
gehört, aber nicht richtig wahrgenommen. Ich habe nur gefragt,
wie Samuels Zustand aktuell sei. Das war das Einzige, was mich
gerade interessierte. Sein Zustand war zu dieser Zeit unbedenk-
lich. Ein ausführliches Gespräch sollten wir an einem anderen
Tag mit Alex zusammen haben. Jetzt durfte ich erst mal wieder
zu Samuel und ihn zum ersten Mal nach der Infektion auf den
Arm nehmen. Die Schwester war sehr einfühlsam. Sie stellte
eine gelbe Wand vor mich, sodass ich etwas abgeschottet von
dem Geschehen um mich herum war.

Ich saß da, mit meinem Sohn auf dem Arm, und langsam
wurde mir bewusst, dass er wirklich der kleine Vogel war, den ich
vor mir gesehen hatte. Er war zu uns geflogen, aber er würde nicht
lange bleiben. Bald schon würde er seine Flügel aufspannen, sich
in die Luft erheben und direkt in den Himmel fliegen. Viel zu früh.

Wie sollte ich Alex diese Botschaft nur überbringen?

Alex erzählt

Neun Tage nach Samuels Geburt hatte ich das Abschluss-
kolloquium meines Lehramtsstudiums. Die Vorbereitung

musste ich irgendwie zwischen das Bangen um Samuel, die Freude über seine Geburt, das Spielen mit den Großen und viele andere Dinge quetschen – in die Abende unseres gemeinsamen Urlaubs, die ruhige Zeit, wenn die Großen schliefen usw. Dennoch war ich fest entschlossen, die Prüfung durchzuziehen.

Schon während des Studiums, das ich teilweise mit Kindern absolvierte, wurde mir bewusst, dass es mir nicht so sehr um die Noten ging. Ich war Familienvater. Wenn die eine oder andere Note nicht so toll war, ich dafür aber Nachmittage mit meinen Kindern verbringen konnte, war das für mich in Ordnung. Ich nahm das Studium ernst, war mir aber auch meiner Pflichten und Privilegien als Vater und Mann bewusst. Ich tat mein Bestes und den Rest legte ich in Gottes Hand. Diese Einstellung nahm mir sowohl im Studium als auch später im Referendariat viel Druck.

Das Kolloquium lief auch ganz okay, ich bestand die Prüfung mit einer recht akzeptablen Note. Mir ist aber die anschließende Bemerkung des Professors hängen geblieben: „Wir hatten das Gefühl, dass Sie in den Vorbereitungen unterbrochen wurden und deshalb der zweite Teil der Prüfung nicht so gut war." Ich glaube, ich habe nur erwähnt, dass ich gerade ein Kind bekommen hatte. Während ich die komplizierten Umstände verschwieg, dachte ich nur: „Wenn Sie wüssten ...". Die ganze Zeit über war ich so unruhig. Mich beschäftigten Gedanken wie: Wird unser Kind leben? Wird es eine Behinderung haben? Was wird auf uns zukommen? Lassen Sie mich nur bestehen, ich will wieder zu meiner Familie!

Ich hatte bestanden. Am nächsten Tag rief Regina mich an und bat mich, allein zu ihr zu kommen, weil sie mir etwas mitteilen wolle. Sie wollte am Telefon nichts weiter dazu sagen. Auf die Frage, ob die Nachrichten gut seien, sagte sie: „Ja und Nein."

Extrem aufgeregt fuhr ich zur Klinik. Wir setzten uns draußen auf eine Bank und Regina erzählte mir von der Diagnose und erklärte das wenige, was sie inzwischen über diesen Gendefekt wusste. Schlagartig wurde mir bewusst: Wir werden eine Beerdigung organisieren müssen! Es scheint mir im Nachhinein eigenartig, dass ich gerade daran denken musste. Vielleicht war das die Art, wie mein Verstand realisierte, was mein Herz spürte: Unser Samuel wird sterben! Früher oder später würden wir unser kleines Baby hergeben müssen.

Es geht um sein Leben

Für uns war Samuel unser süßes, kleines Baby. Von seiner Behinderung merkten wir nichts. Doch Tatsache war: Er war geistig behindert. Das machte mir erstaunlicherweise keine Angst.

Als Kind hatte ich Angst vor behinderten Menschen. Auf meinem Schulweg fuhr ich immer an einem Heim vorbei und hin und wieder stieg eine Gruppe behinderter Menschen in meinen Bus. Ich fühlte mich sehr unwohl und wusste nicht, wie ich mich verhalten sollte.

Als uns mitgeteilt worden war, dass unser ungeborenes Kind möglicherweise eine geistige Behinderung haben werde, war das ein Schock. Ich stellte mir zwar alle möglichen Horrorszenarien vor, aber ich rechnete nicht damit, dass sie Wirklichkeit werden.

Diese Nachricht war sehr schmerzhaft. Ich bekam Angst davor, dass ich es nicht schaffen würde, mich um mein Kind zu kümmern. Und es tat auch weh einzusehen, dass der Sommer, wie wir ihn uns vorgestellt hatten, und unser weiteres Leben nicht so verlaufen würden wie in unseren Träumen.

Doch irgendwann änderten sich diese Gedanken. Das war genau an dem Punkt, als wir erkannten, dass das Leben unseres Babys auf dem Spiel stand. Ich habe mir ein Interview eines Paares angesehen, das seine vierte Tochter nur zweieinhalb Stunden bei sich haben konnte. Es waren Angie und Todd Smith, deren Geschichte man in dem Buch „I will carry you"[3] nachlesen kann. Während der Schwangerschaft äußerten die Ärzte zunächst den Verdacht auf das Down-Syndrom und das Paar betete: „Bitte, Gott, lass es kein Down-Syndrom sein! Kein Down-Syndrom!" Doch als die Ärzte ihnen sagten, dass ihr Kind womöglich nur wenige Minuten leben würde, flehten sie: „Bitte, Herr, lass es Down-Syndrom sein!"

Plötzlich zählte nur noch das Leben des Kindes.

Mir ist in dem Augenblick, in dem sich mein Blickwinkel geändert hat, neu bewusst geworden, was für ein Geschenk ein Kind ist – jedes Kind. Was für ein Wunder! Und wir dürfen Teil dieses Wunders sein.

Samuel ist nicht unser behindertes Kind. Samuel ist unser Sohn und in unseren Augen perfekt. Ich gebe zu, dass in der Hoffnung, dass wir ihn noch mehrere Jahre bei uns haben würden, auch ein wenig Bangen mitschwang, wie sich unser Leben dadurch verändern würde. Ich kann die Angst hinter Sätzen wie:

---

3 Angie Smith, I will carry you: The sacred dance of grief and joy, Nashville, USA, 2010.

„Ich bin erst 25. Ich kann doch kein behindertes Kind bekommen!" nachvollziehen. Aber ich empfinde jetzt ganz anders, wenn ich einen behinderten Menschen sehe. Ich glaube wirklich und habe auch von anderen gehört, dass, wer sich auf dieses Wunder anderer Art einlässt, die wahre Bedeutung von Lebensqualität begreifen wird. Behinderte Menschen passen nicht in unsere Vorstellung einer idealen Welt. Doch uns würde ohne sie etwas fehlen. Sie bereichern uns – durch das, wer sie sind, und durch das, wer wir durch sie werden.

In der Hoffnung, Samuel bald nach Hause bringen zu können, schrieb ich am 24. Juli 2013 folgendes auf unserem Blog:

Ich wünsche mir, dass auch Menschen ohne ein behindertes Kind dieses Wunder erkennen können. Und wenn sie dann so ein Wunder vor Augen haben, sollen sie kein Mitleid empfinden, sondern Freude über Gottes einmalige Schöpfung! Ich möchte nicht, dass man in mir die Mutter eines kranken Kindes sieht und schon gar nicht soll man Samuel bemitleiden oder Angst vor ihm haben. Wer Samuel sieht, soll überwältigt sein von Gottes Liebe, und daran erinnert werden, wie WUNDERbar das Leben ist. Mir hat er neue, tiefere Lebensfreude geschenkt!

Ich wünsche mir für mich und unsere Kinder, dass wir offen auf Menschen mit körperlicher oder geistiger Behinderung zugehen und ihnen Wertschätzung entgegenbringen, die sie so selten erfahren.

Timothy Keller zitiert in seinem Buch „Gott im Leid begegnen" eine Frau, die auf die Aussage antwortete, dass sie ihren beiden älteren Kinder nicht zumuten könne, das Kind mit Trisomie 21 zur Welt zu bringen: „Für mich macht es jeden Sinn der Welt, dass so ein Kind in eine Familie wie die unsere hineingeboren wird. Unsere Kinder werden das packen. Das ist vielleicht die Chance ihres Lebens."[4]

Samuel zu kennen hat uns verändert. Ihn zu verlieren hat uns verändert. Ihn zu lieben hat uns das Leben neu gelehrt.

Ein Leben mit Trisomie 18 ist wertvoll

Wir fanden im Internet viele Erfahrungen anderer Eltern von Kindern mit Trisomie 18. Es hat mir den Schlaf geraubt. Ich war schockiert, was Frauen- und Kinderärzte sagen, wenn es um Behinderungen oder lebenszeitverkürzende Krankheiten geht: „Wegmachen" ist eins der schlimmsten Wörter, die ich mir vorstellen kann. Sobald die Diagnose *Trisomie 18* vor der Geburt feststeht, ist das der Rat der meisten Ärzte.

In einem Kommentar auf meinem Blog schrieb Carina von ihrer Erfahrung:

Liebe Regina,

auch wir hatten einen kleinen Engel mit T18, unsere kleine Mira. Wir durften sie einen Tag haben, 24 Stunden voller Liebe und Freude, voller Schwere und Abschied. Mira war eines dieser Kinder, die so viele Schwierigkeiten hatte, dass die Ärzte kaum an eine lange Schwangerschaft glaubten. Dann wurde vermutet, dass sie den Stress der Geburt

---

4 Timothy Keller, Gott im Leid begegnen, Gießen: Brunnen, S. 104.

nicht schaffen würde, dann hielten wir sie im Arm, doch von Abschiednehmen war keine Spur. Sie schaute uns mit ihren großen Augen an und alle Ärzte waren ratlos. Für uns hat Gott da seine Größe gezeigt! Nach einem Tag wurden ihre Mühen zu groß und langsam schwand sie uns aus dem Leben. Das letzte, was sie von mir hörte, war das Lied „Oh großer Gott, wenn ich die Welt betrachte, die du geschaffen durch dein Allmachtswort, wenn ich auf alle jene Wesen achte, die du regierst und nährest fort und fort, dann jauchzt mein Herz dir, großer Herrscher, zu: Wie groß bist du. Wie groß bist du!" Dann durfte sie gehen, und ein Teil von mir ging mit. Das war im Juni 2010. Sie fehlt, jeden Tag. Aber die Gewissheit, dass Gott sie hält, und die Erinnerung an diesen einen ganz besonderen Tag mit ihr geben mir Trost. Schön, dass ich deine Erfahrung gefunden habe. Man fühlt sich oft allein mit der Geschichte T18. Man sagte uns: „So was wird heute nicht mehr ausgetragen." Wir wussten fast sofort, was uns erwartet, haben uns ganz bewusst für Mira entschieden, und sind dankbar, sie in unserem Leben gehabt zu haben. Sie ist ein Geschenk.

Wir haben die Diagnose erst zehn Tage nach der Geburt bekommen und sind somit nicht gefragt worden, ob wir unser Baby bekommen wollen. Andere müssen sich erst entscheiden und ihre Entscheidung teilweise richtig verteidigen. Warum? Wer entscheidet, welches Leben gelebt werden darf und welches nicht?

Wir müssen manchmal erklären, warum wir Samuel überhaupt per Kaiserschnitt haben holen lassen oder warum wir ihn haben behandeln lassen. Viele Eltern, die sich für das Leben ihres Kindes entscheiden, genießen die kurze Zeit mit ihrem Baby ohne Schläuche. Aber da wir erst nach der Geburt, als die Behandlung schon lief, erfahren haben, dass Samuel eine kurze Lebenserwartung haben würde, wollten wir nicht alles abbrechen.

Wir hätten vermutlich auch den Rat bekommen, unser Kind „wegmachen zu lassen". Doch wenn man ihn nur ansehen würde! Er genoss die Zeit mit uns und wir genossen sie mit ihm. Auf den ersten Blick sah man ihm seine Krankheit nicht an. Das hätte sich noch geändert, wenn er älter geworden wäre. Aber er war so süß und hübsch. Sogar die Ärzte haben ihn richtig ins Herz geschlossen. Wie viele Kinder, die das Leben wie Samuel hätten erleben können, hatten nicht die Chance dazu. Sie konnten nie ihre Eltern kennenlernen, und ihre Eltern haben ihr Kind nie kennengelernt. Hauptsache gesund? Ist das wirklich so?

Für uns standen nicht die Fehlbildungen im Vordergrund, sondern Samuels Knopfaugen, sein Babyduft, seine weiche Haut, sein Dasein. Es gibt Erkrankungen, bei denen es nicht so einfach ist, über die sogenannten Fehlbildungen hinwegzusehen, weil sie offensichtlich sind. Aber ich glaube, dass Eltern, die sich auf die Liebe zu ihrem Kind einlassen, dennoch das Schöne und Einzigartige sehen. Unsere Erfahrung zeigt: Es gibt Wunder! Es gibt ein Leben mit Trisomie 18. Wir hatten 54 Tage. Die Eltern von Jaël schreiben in ihrem Buch *„Umarmen und loslassen"*[5] sogar von erfüllten, wenn auch schweren 13 Jahren.

---

5 Shabnam und Wolfgang Arzt, Umarmen und loslassen: Was wir in 13 Jahren mit unserer todkranken Tochter über das Leben gelernt haben, München: Ludwig 2017.

Blogpost vom 23. März 2016

Ich darf keinen Rollstuhl kaufen

Jeden Morgen wird er von einem weißen Bus abgeholt. Nachmittags wieder gebracht. Sein Vater wartet dann auf unserem Parkplatz auf ihn, weil man hier besser wenden kann. Er ist ein junger Mann. Behindert. Und sitzt im Rollstuhl.
Als ich ihn zum ersten Mal nach Samuels Tod wiedergesehen habe, überkam mich eine tiefe Sehnsucht nach meinem Kind. Samuel hat es nicht nach Hause geschafft. Dabei wollte ich ihm doch einen Rollstuhl kaufen.

„Habt ihr das nicht vorher gewusst?" Das ist eine ganz typische Frage, die wir zu hören bekommen, wenn wir Menschen von Samuel erzählen. Was soll diese Frage eigentlich bedeuten?
Etwa: Dann hättet ihr euch doch gegen ihn entscheiden können? Oder: Dann hätte man ihn nicht so lange versorgen müssen?
Manche Menschen wollen es vielleicht auch einfach aus reiner Anteilnahme wissen. Deshalb antworte ich darauf: Wir haben in der 31. SSW erfahren, dass er einen Herzfehler hatte und eine Fehlbildung des Gehirns (... ich mag diese Bezeichnungen nicht, die sagen, an wie vielen Stellen unser Junge „falsch" ist). Uns wurde auch gesagt, dass eine genetische Grunderkrankung vorliegen könnte. Man riet uns zur Fruchtwasseruntersuchung. Doch wir woll-

ten nicht. Es herrschte Unverständnis unter den Professoren. Aber wir wussten: Selbst wenn unser Junge einen Gendefekt (da ist es wieder ...) haben sollte: Wir würden ihn trotzdem haben wollen.

Zu diesem Zeitpunkt war uns nicht bewusst, dass er todkrank sein könnte. Sein Herzfehler war zwar schwer, aber nicht „unvereinbar mit dem Leben", wie man sagt. Wir kannten weder T18, noch andere genetische Erkrankungen, die einen frühen Tod unseres Kindes zur Folge haben würden. Die Ärzte sagten auch nichts weiter dazu. Ich bin dankbar, dass man uns nicht unter Druck gesetzt hatte. Und auch für das Verständnis der Kinderärzte, die alle sagten, das Risiko, dass eine Fruchtwasseruntersuchung die Geburt einleiten würde, müssten wir nicht eingehen, wenn wir unser Kind so oder so bekommen möchten.

In anderen Fällen sind die organischen „Schäden" so groß, dass die Kinder nur wenige Stunden bei ihren Familien bleiben können. Ja, dann hätte ich es wissen wollen.

Unsere Geschichte war anders.

Für uns ging es erst mal um die Frage: Ist unser Kind gesund oder behindert?

Ich hatte Angst vor der Antwort.

Und als ich ihn dann zum ersten Mal näher betrachten konnte, ihn gestreichelt habe, seine Hand hielt, war mir unbewusst klar, wie die Antwort lautete.

Aber das war nicht mehr so wichtig.

Ich hatte immer noch Angst. Aber ich war so voller Liebe. Als sein Leben nach einer Woche aufgrund einer Infektion zum ersten Mal auf dem Spiel stand, war uns beiden

klar: Wir wollten ihn unbedingt behalten. Wir wollten so
gerne ein Leben mit ihm. Wir wollten uns um ihn küm-
mern. Er sollte bei uns bleiben, genauso wie er war.

Als wir dann wussten, dass er nicht lange bei uns bleiben
würde, dass er bald davonfliegen würde, wie ein kleiner
Vogel, der sich nur kurz auf einen Zaun setzt, um dann
wieder in den Himmel zu fliegen, war der Wunsch ganz
groß: Er soll nach Hause kommen.

Er sollte bei uns sein.

Ein Pflegedienst würde kommen. Physiotherapeuten.
Ich würde lernen, seine Magensonde einzuführen. Und
irgendwann würden wir ihm einen Rollstuhl kaufen. Er
würde Teil unseres Familienalltags sein. Wir wollten ihm
zeigen, wie sehr wir ihn liebten, wir sehr wir ihn wollten.
So wie er war.

Aber ich durfte keinen Rollstuhl kaufen.

Wir haben unser Wunder bekommen

Als wir im Internet forschten, wurde uns schnell klar, wie unterschiedlich sich Trisomie 18 äußern kann. Vor allem aber wurde
uns bewusst, dass das Wunder, um das wir gebetet hatten, schon
längst wahr geworden war. Samuel lebte! Und das war unser
Wunder. Gott hatte alles so geführt, dass Samuel rechtzeitig
auf die Welt geholt wurde. Wir durften sein süßes Gesichtchen
sehen, seine Hand halten und über seinen Rücken streicheln.
Wir durften ihm unsere Liebe zeigen und wir liebten ihn so sehr!

Unser größtes Gebetsanliegen änderte sich nun. Wir beteten dafür, dass Samuel so lange leben würde, dass er mit uns
nach Hause kommen könnte. Wir wollten ihm zeigen, dass er zu

unserer Familie gehört. Ich wollte ihn in den Schlaf wiegen und mit ihm spazieren gehen. Ich wollte ganz viele Fotos von ihm machen und von unseren drei Kindern zusammen. Und Hand- und Fußabdrücke. Seine großen Geschwister wollten endlich mit ihm kuscheln und ich wollte seine Wange an meine drücken und ihn auf sein zartes Gesichtchen küssen.

Ich wollte, dass er spürte, wie sehr wir ihn wollten und liebten. Wie sehr ich ihn liebte.

Aber jedes Mal, wenn ich das Piepen der Geräte hörte, wurde mir klar, dass ich für jede Stunde mit ihm dankbar sein konnte. Nachdem Alex und ich nach unserem Gespräch, in dem ich ihm von der Diagnose erzählt hatte, zu Samuel gegangen waren, hatte er eine Sauerstoffzufuhr von 90 Prozent. Das hat uns total schockiert. Später haben wir gemerkt, dass es kaum einen Unterschied für ihn machte, wie viel Sauerstoff er bekam, und dass es ihm besser ging, je selbstständiger er atmen konnte. Aber in diesem Moment waren wir am Boden zerstört. 90 Prozent und trotzdem piepte es ständig. Dieses Piepen verfolgte mich mit der Zeit. Selbst Kirchenglocken klangen für mich lange Zeit wie der Alarm, der signalisiert, dass es meinem Baby schlecht ging. Jedes Mal, wenn er einen Grenzwert erreichte, hörten wir es – wenn seine Sauerstoffsättigung zu niedrig war, wenn er einen Abfall hatte, das bedeutet, wenn er vergaß, zu atmen und sein Herz langsamer schlug. Nach der überstandenen Infektion war es nie wirklich kritisch, dennoch waren wir in ständiger Anspannung.

Ich hatte mein Handy nun immer auf laut geschaltet, auch nachts, für den Fall, dass die NIPS mich anruft. Ich beobachtete jede kleinste Veränderung an Samuel, fragte ständig nach seinem Gewicht, seiner Verdauung, die immer noch sehr träge war. Ich wollte, dass er durchhielt, um nach Hause zu kommen. Seien es Tage oder Jahre: Er sollte nach Hause kommen! Ich wollte es so sehr!

Aber für Alex und mich stand von Anfang an auch eins fest: Wir wollten nicht, dass er leidet. Wir würden nicht versuchen, sein Leben um jeden Preis zu verlängern. Immer wieder betete ich: „Herr, wenn es besser für ihn ist, dann nimm ihn zu dir. Ich will bereit sein, ihn loszulassen. Du weißt, was das Beste ist. Ich will, dass es ihm gut geht. "

Manchmal sagte ich das aus voller Überzeugung, manchmal voller Angst, er könne mich beim Wort nehmen. Mein Kopf wusste, dass ich loslassen musste. Aber mein Herz wollte ihn für immer festhalten.

Den letzten Atemzug bestimmen nicht wir – Segen und Fluch der Pränataldiagnostik

Ob wir Samuel bekommen wollten oder nicht – diese Frage stellte sich für uns nicht. Und ich bin der Meinung, dass wir kein Recht haben, eine solche Entscheidung zu treffen. „Ein krankes Kind kommt nicht in Frage" – diese Aussage scheint für manche ganz klar zu sein. Für andere ist es ein langes Ringen zwischen Für und Wider. Aber auch der Satz „Ich werde niemals ein Kind abtreiben" ist schnell gesagt, ohne die Ängste zu berücksichtigen, die bei einer Diagnose während der Schwangerschaft bei den Eltern entstehen können. Katrin Schmidt beschreibt in ihrem Buch „Gehalten, wenn nichts mehr hält"[6] ihre Fragen

---

6 Katrin Schmidt, Gehalten, wenn nichts mehr hält: Meine Geschichte mit unserer still geborenen Tochter, Schwarzenfeld: Neufeld 2016.

und Zweifel, die sie selbst als Abtreibungsgegnerin hatte, als sie von der schweren Erkrankung ihrer ungeborenen Tochter erfuhr – einer Krankheit, mit der das Leben außerhalb des Mutterleibes nicht möglich war. Es ist eine extreme Belastung, vor so eine Entscheidung gestellt zu werden. Verschiedene Gründe können Mütter und Väter dazu bringen, sich für einen Abbruch zu entscheiden. Katrin Schmidt und ihr Mann haben sich für ihre Tochter entschieden und sie schreibt im Rückblick dazu:

„Ich bin mehr als vorher der Meinung, dass es ein Irrtum ist, dass wir jedes Leid von uns und unseren Kindern fernhalten sollten. Meinem Erleben nach hat es mir zur Heilung enorm geholfen, Schmerz und Verzweiflung zuzulassen, bewusst zu ertragen und zu durchleben."[7]

Pränataldiagnostik ist Segen und Fluch zugleich. Das habe ich oft gehört und sehe es genauso. Während sie vielen Babys das Leben rettet, raubt sie unzähligen Kindern das uneingeschränkte Lebensrecht. Und sie legt einen ungeheuren Druck auf die Eltern, die mit der Diagnose völlig überfordert sind.

Wenn jemand vor die Entscheidung eines Abbruchs gestellt wird, ist der erste Schritt, sich Zeit zu nehmen. Keine Eile. Auch wenn Ärzte drängen sollten, innerhalb weniger Tage zu entscheiden. Die Eltern haben das letzte Wort und dürfen sich die Zeit nehmen, die sie brauchen.

Die Schwangerschaft trotz Diagnose fortzusetzen ist nervenaufreibend, aber auch eine besondere Zeit mit dem Kind. Wir können sie nutzen, um ihm all unsere Liebe zu geben, weil wir es bald nicht mehr tun können. Viele Frauen und auch Männer

---

7 Schmidt, S. 56.

leiden noch Jahre an den Folgen eines Abbruchs. Viele Eltern tun es mit guten Absichten, weil sie meinen, dem Kind Leid zu ersparen. Doch häufig sind sie nicht gut darüber aufgeklärt, was für Möglichkeiten sie noch haben: nämlich die palliative Geburt, bei der es nicht um eine Lebensverlängerung um jeden Preis geht. Stattdessen steht die Lebensqualität im Vordergrund, so kurz diese auch sein mag. Bei einer palliativen Geburt stellen Ärzte und Pfleger sicher, dass das Kind keine Schmerzen spüren muss, während es in den Armen der Eltern liegen darf. Manchmal ist es auch die Angst vor dem eigenen Kind, weil oft nicht gut aufgeklärt wird, was genau auf die Eltern zukommt. Weil man nicht über kranke oder sterbende Babys spricht und dadurch keinen Austausch und keine Ermutigung erfährt. Weil es an Vorbildern mangelt, die zeigen, wie das Leben mit einem schwerkranken Kind aussehen kann.

Vielleicht haben manche Eltern auch Angst davor, sich weiter auf das Kind einzulassen, weil sie denken, dass der Verlust dann umso schmerzhafter wird. Doch das Reden mit ihm und das Vertiefen der Beziehung wird den Schmerz nicht vergrößern, im Gegenteil: Sie bekommen Zeit, sich von ihrem Kind zu verabschieden, und das wird ihnen helfen. „Unser Baby kennenzulernen, unsere Bindung zu ihm zu bejahen, ermöglicht ein gutes, heilsames Abschiednehmen, ermöglicht, dass wir es gehen lassen können", schreibt Hannah Lothrop in ihrem Ratgeber „Gute Hoffnung – jähes Ende."[8]

Unsere Bindung zu Samuel hatte an dem Tag begonnen, an

---

8 Hannah Lothrop, Gute Hoffnung – jähes Ende: Fehlgeburt, Totgeburt und Verluste in der frühen Lebenszeit. Begleitung und neue Hoffnung für Eltern, München: Kösel, 2013, 17. Aufl., S. 80.

dem wir beschlossen, dass wir uns noch ein drittes Kind wünschen; als ich Alex in die Arme hüpfte, weil der Schwangerschaftstest deutlich zwei Striche anzeigte. Als ich vor Übelkeit auf dem Sofa kauerte und die Kinder um mich herumtanzten. Als Ben und ich Samuels Spieluhr ausgesucht haben, die ich ihm dann jeden Abend vorspielte. Die Tiefe meiner Liebe zu ihm und all diese Erinnerungen trösten mich noch heute, wenn mich die Trauer packt. Ich glaube, die Eltern, die sich für einen Schwangerschaftsabbruch entscheiden, berauben auch sich selbst. Sie berauben sich der Zeit mit dem eigenen Kind und tröstender Erinnerungen. Wenn die Möglichkeit besteht, ihr Kind kennenzulernen, wird ihnen diese Beziehung helfen, ihre Trauer in ihr Leben zu integrieren.

Aber wer sich anders entscheidet, braucht keine Verurteilung, sondern Liebe. In den ersten Monaten war ich wütend auf all die Menschen, die meinen Jungen abgetrieben hätten – Eltern, die sich für diesen Schritt entschieden haben, Ärzte, die Abtreibungen vollziehen, und auf unsere Gesellschaft, weil sie das ungeborene Leben so wenig wertschätzt. Ich reagierte sehr sensibel auf dieses Thema und stehe immer noch zu meiner Überzeugung, dass niemand das Recht hat, diese Entscheidung über Leben und Tod zu treffen. Mit der Zeit habe ich jedoch gelernt, auch die vielen Frauen und Männern zu sehen, die noch Jahre nach einer Abtreibung unter den Folgen leiden und sich nicht trauen, mit jemandem darüber zu sprechen. Viele fühlen sich schuldig, nur wenige stellen sich ihrer Trauer. Sie gehen daran kaputt. Diesen Menschen möchte ich sagen: *Dein Kind ist geborgen in den Armen Gottes. Seine Liebe zu dir und zu deinem Kind ist größer als deine Schuld, deine Scham und deine Angst.*

Loslassen, wenn der Himmel ruft

Alex und ich wurden kurz nach der Diagnose von zwei Ober-
ärzten noch einmal ausführlich über Trisomie 18 aufgeklärt. Sie
stellten uns vor, was für Möglichkeiten wir nun hatten: weiter-
machen wie bisher oder Samuel einschlafen lassen. Damit war
eine Schmerztherapie gemeint, aber bei mir kam an: Wir lassen
ihn einfach sterben. Das kam für uns nicht in Frage. Wir hatten
angefangen, dafür zu kämpfen, dass Samuel nach Hause kommen kann, und wir wünschten uns immer noch Zeit mit ihm.
Wir wollten ihn so, wie er war. Alex sagte nach dem Gespräch zu
mir: „Die haben keine Ahnung, wie viel für ihn gebetet wird."

Später haben wir dennoch darüber nachgedacht, ob es
für Samuel besser gewesen wäre, nicht so lange mit so vielen
Hilfsmitteln zu leben, seine Infusionen und die Atemhilfe. Ich
fragte die Oberärztin, ob sie der Meinung sei, dass Samuel leide.
„Sicher hat er hin und wieder Schmerzen", sagte sie. „Aber ich
habe nicht den Eindruck, dass er leidet. Es geht ihm gut." Das
Gefühl hatten wir auch. Wie hätten wir da anders entscheiden
können? Wir wollten ihn bei uns haben – für uns und für ihn.
Wir wollten ihm zeigen, wie sehr wir ihn lieben, und ich bin
mir sicher, dass er es gespürt hat. Unsere Liebe floss durch jede
Berührung seiner zarten Haut, durch unsere Umarmung und
unseren Herzschlag, den er spüren konnte, wenn er bei uns lag.
Und auch die Melodie der Spieluhr war ein Liebeslied für ihn.
Während ich anfangs noch Angst und Überforderung bei dem
Gedanken spürte, ein krankes Kind zu Hause zu haben, war
irgendwann nur noch Liebe und Sehnsucht übrig: „Egal, wie
schwer es wird, Hauptsache du bleibst bei mir. Ich liebe dich so
sehr, dass ich alles für dich tun werde."

Nach einigen Wochen fragte uns eine Schwester, ob wir uns über das Thema Reanimation Gedanken gemacht hatten. Es hatte noch kein Arzt mit uns darüber gesprochen, nur einmal angedeutet, aber uns nie aufgeklärt. Wir schoben dieses Thema beiseite in der Hoffnung, damit nie konfrontiert zu werden.

Jetzt sollten wir uns doch damit auseinandersetzen. Aber wo begann eine Reanimation? Was machte das mit dem Kind? Wir waren überfordert mit diesem Thema. Also baten wir einen Dozenten des Bibelseminars Bonn, Dr. Friedhelm Jung, um ein Gespräch. Er ist ein Mann mit einem unglaublichen Allgemeinwissen, einem beeindruckenden Namensgedächtnis und vor allem ein Theologe, den ich während meines Studiums sehr zu schätzen gelernt habe. Er riet uns das, wozu wir ohnehin tendiert hatten: kleinere Maßnahmen ja, aber keine große Herz-OP. Wir wollten Samuels Lebensqualität verbessern, ihn aber nicht um jeden Preis festhalten. Wir wollten ihn loslassen, sobald der Himmel ihn rufen würde. Er würde es gut haben.

Das Gespräch tat gut. Wir hatten bisher mit niemandem außer den Ärzten über Samuel gesprochen, weil wir immer bei ihm oder den anderen beiden Kindern waren. Dr. Jung machte uns Mut, sagte aber auch deutlich, dass wir, vor allem ich als Mutter, uns jetzt darauf einstellen müssten, ihn gehen zu lassen. – *Ich weiß. Aber nicht jetzt. Bitte noch nicht jetzt.*

Manchmal dachte ich schon an seine Beerdigung. Ich wollte das nicht. Vielleicht war es gut, alles schon zu planen, damit es fertig ist. Aber ich wollte daran noch nicht denken. Ich wollte ihn bei mir haben.

Doch es war nicht meine Entscheidung. Ich wollte bereit sein. Mich darauf einstellen, dass Samuel bald nicht mehr bei mir sein würde. Wir planten so, als würde er auf alle Fälle nach Hause kommen und noch lange bei uns bleiben. Dennoch kam ich nun mit einer neuen Bitte zu Gott: „Ich will bei ihm sein, wenn du ihn zu dir holst. Bitte lass mich bei ihm sein." Ich betete um einen sanften Tod für mein Baby, ohne Schmerzen und Leid. Und ich wollte es auf dem Arm halten.

Blogpost von Alex am 9. Juli 2013

Unsere Wünsche und Gottes Pläne

Es gibt ein Lied von Siegrid Fietz, das mich in dieser schwierigen Phase sehr berührt und neu herausgefordert hat. Ich kenne es schon lange, allerdings hat sich mir der Inhalt plötzlich ganz neu erschlossen.

> „Herr, wenn der Wunsch in meinem Herzen,
> sich still in deinen Willen legt.
> Dann fühle ich trotz aller Schmerzen,
> dass deine Liebe mich umhegt.
> Du lässt mich in die Tiefe gehen,
> damit ich sehe, wer ich bin.
> Doch Herr, du lässt mich nicht dort stehen –
> du ziehst mich wieder zu dir hin.
> Ja, Herr, du bist bei mir und dafür dank ich dir.
> Ja, Herr, du bist da – Halleluja!"[9]

---

9 Herr, wenn der Wunsch in meinem Herzen
Text: Gisela Spitzer-Klonk; Melodie: Siegfried Fietz
Aus: Gnade und Versöhnung Nr. 323/© Abakus Musik Barbara Fietz, 35753 Greifenstein

Ich habe den starken und eindeutigen Wunsch, dass unser Samuel gesund wird, dass er nach Hause kommt und dass wir ein glückliches Leben als Familie haben. Doch ist das auch Gottes Wille? Scheinbar nicht ... Gottes Pläne sehen anders aus. Und genau um diese Situation geht es in diesem Lied. Keine Ahnung, was Gott mit unserem Jungen vorhat, aber mein Wunsch stellt sich unter Gottes Willen, denn ich weiß: Selbst wenn Gott uns jetzt diese Schmerzen zumutet – er lässt uns damit nicht allein, er richtet uns wieder auf und ist immer bei uns. Und ich weiß: Er liebt Samuel noch mehr als ich. Also werden seine Pläne ganz sicher für uns alle das Beste sein.

Das Jetzt verlangsamt die Zeit

Zeit ist kostbar

Wir brauchten Zeit, die Nachricht von Samuels Diagnose zu verarbeiten. Dennoch ging es uns gut, soweit man das angesichts der Umstände sagen kann. Am Anfang seiner zweiten Lebenswoche hatte sich der Zustand seines Herzchens noch nicht gebessert und er erholte sich nur langsam. So schien es mir zumindest. Ich war so ungeduldig.

Eine sehr schöne Beobachtung machten wir aber beim Kuscheln: Sobald Samuel sich auf unserer Brust entspannte, gingen seine Werte hoch – seine Sauerstoffsättigung ging in die Höhe und sein Herzschlag stabilisierte sich. Sogar die Bildschirme zeigten, wie dringend unser Baby seine Eltern und ihre Nähe brauchte. Es war ein wunderbares Gefühl, ihm etwas Gutes tun zu können. Seine Krankheit konnte ihn nicht daran hindern, unsere Liebe und Wärme zu spüren. Es ging ihm gut bei uns. Manchmal tat meine Narbe noch weh, wenn ich ihn hielt, aber das war unwichtig. Ich wollte, dass er mich spürte und ich wollte so viel wie möglich von ihm aufsaugen.

In dieser Woche zog ich dennoch wieder nach Hause. Ben und Hannah fiel die Trennung von mir und das Hin und Her sehr schwer. Sie wollten nirgends mehr ohne Alex bleiben, sodass er Samuel nur wenig sehen konnte.

Dadurch, dass Alex gerade sein Studium abgeschlossen hatte, waren wir nun beide zu Hause und konnten den „Alltag" gemeinsam bewältigen. Es war nicht einfach, aber unsere Kinder heiterten uns häufig durch ihre fröhliche Art auf. Und unser kleiner Samuel entschädigte unsere Mühe allein durch sein Leben, das an sich ja schon ein Wunder war.

Jeden Abend wurde der nächste Tag geplant. Weiter trauten wir uns kaum zu denken, weil es sonst zu kompliziert wurde. Wer fährt vormittags ins Krankenhaus, wer darf nachmittags mit Samuel kuscheln? Auf der NIPS durfte Samuel nur am Nachmittag gehalten werden. Der andere schmiss währenddessen den Haushalt und unterhielt Ben und Hannah. Bei alldem lag es uns besonders am Herzen, unsere beiden großen Kinder nicht zu vernachlässigen. Sie brauchten uns in dieser Situation, und zwar möglichst uns beide. Sie brauchten Ruhe zu Hause und auch ein wenig Action.

Es war allerdings nicht so leicht, ruhig zu bleiben, wenn ich gerade an der Milchpumpe „hing" und die beiden herumtobten und nicht auf das hören wollten, was ich sagte. Oft war ich ungeduldig, was mir schnell leidtat. Die Müdigkeit und Anspannung konnte ich leider nicht vor ihnen verbergen. Aber wir hatten auch echte Highlights. An einem Nachmittag wurden wir Zeugen davon, wie ein Lkw beim Wenden an unserer engen Ecke von der Straße abkam und mit einem Reifen über unserem Parkplatz hing, der etwas tiefer liegt. Allein kam er nicht wieder raus, weswegen ein Kranwagen gerufen wurde. Das war ein echtes Spektakel; die Kinder waren begeistert.

Ein anderes Mal fuhren wir, wenn auch nur kurz, gemeinsam mit den Kindern auf einen Spielplatz in der Nähe des Krankenhauses oder wir gingen zum Spielplatz auf dem Klinikgelände. Ich war innerlich zwar oft ungeduldig, weil ich dachte, ich müsse doch wieder zu Samuel. Aber es waren kostbare und ganz wichtige Momente, die sowohl Ben und Hannah als auch mir guttaten.

Wir haben Kinder auf den Stationen gesehen, die nur selten von ihren Eltern besucht wurden. Dann gab es die Eltern, die von morgens bis abends am Bettchen ihres Babys saßen. Manchmal beneidete ich sie. Sie konnten so viel mehr Zeit investieren, weil es ihr einziges Kind war. Andererseits: Die Zeiten mit Ben und Hannah gaben mir viel Energie. Um ehrlich zu sein, hatten wir fest damit gerechnet, dass Samuel es nach Hause schaffen würde. Die Trennung von ihm fiel mir jedes Mal sehr schwer, umso mehr freute ich mich darauf, bald ganz viel Zeit mit ihm bei uns zu Hause haben zu können.

Ich bin überzeugt davon, dass es richtig war, unsere Großen nicht mehr als nötig bei anderen Leuten untergebracht zu haben. Aber ab und an meldet sich das Bedauern darüber, dass ich nicht noch mehr Zeit bei Samuel verbracht habe.

3. Juli 2013

Wie lange muss er noch im Krankenhaus bleiben? Warum nimmt er jetzt so langsam zu? 1.510 Gramm, 30 Gramm in zwei Tagen. Ich wünsche mir so sehr, ihn hier bei uns zu haben. Ich will Erinnerungen zusammen.

Es tut so weh, mir unsere Zukunft ohne ihn vorzustellen ...
So ein kleiner Mensch, aber er wird ein riesen Loch in uns hinterlassen. Ich vermisse ihn so sehr!

Es war so schwer, nicht bei ihm sein zu können!

Inzwischen war er in die Kinderklinik der Uniklinik umgezogen, die in einem anderen Stadtteil Bonns liegt. Ich als Gewohnheitsmensch hatte erst mal Mühe, mich an die neue Station zu gewöhnen, aber ich fand es schön, dass es dort ruhiger zuging. Samuel wurde verlegt, weil er der „Stabilste" auf der NIPS war, und darüber freuten wir uns natürlich. Er durfte in einem Krankenwagen mitfahren. Diese Fahrt hat ihm gut gefallen, sodass seine Sauerstoffsättigung in den nächsten Tagen so gut war, dass er nur wenig Unterstützung brauchte. Ein echter kleiner Mann eben!

Uns kam er allerdings gar nicht so stabil vor, weil er immer noch viele Abfälle hatte. Das Piepen der Monitore war nach wie vor allgegenwärtig. Und auch hier: andere kleine Kinder, andere Geschichten und wieder besorgte Eltern, die versuchten, positiv zu denken.

Die Schwestern waren wirklich lieb; genau wie die Schwestern auf der NIPS. Doch auf der neuen Station schien alles langsamer zu laufen. Eines Tages überraschten sie uns mit einer Collage von unserem kleinen Samuel ohne Maske. Sie hatten, als sie ihn gewaschen hatten, extra Fotos für uns gemacht, damit wir auch mal sein süßes Gesichtchen sehen konnten. Vielen Dank, liebe Schwestern Ursi & Ursula. Das Bild hängt immer noch an Hannahs Schranktür. Die stolze große Schwester hat es lange Zeit vor dem Schlafengehen geküsst.

Geschwisterliebe

Unsere Kinder hatten ungefähr ein Jahr zuvor einen selbstgenähten Teddy von mir bekommen. Inzwischen hat Ben andere Lieblingskuscheltiere, aber bei Hannah darf Bärchi nicht fehlen, sonst kann sie nicht einschlafen, und das bis heute. Als Alex mir zu Weihnachten eine neue Nähmaschine geschenkt hatte, musste ich den Kindern vorführen, wie sie funktionierte, und so hatte ich zwei schlichte Schlafsäcke für ihre Bären genäht, die etwa 13 Zentimeter lang sind. Eines Abends beim Schlafenlegen entdeckte Ben seinen Teddyschlafsack und sagte: „Mama, den kann Samuel haben."

„Aber sein Teddy ist noch nicht ganz fertig," sagte ich, weil ich annahm, dass er ihn Samuels Bär überlassen wollte.

Doch Ben erklärte: „Wir können das so machen: Wir stecken ihn durch das Loch in Samuels Bett und dann tun wir seine Füße da rein."

Bei so viel Geschwisterliebe ging gleich mein Mutterherz auf! Samuel war zwar sehr klein, aber doch zu groß für diesen Schlafsack. Der Gedanke war aber von hingebungsvoller Bruderliebe geleitet und unendlich wertvoll.

Ben und Hannah liebten ihren kleinen Bruder so sehr und vermissten ihn. Selbst Hannah schien in dieser Zeit ganz schnell ihre Rolle als große Schwester gefunden zu haben, obwohl unser Baby gar nicht zu Hause war. Die beiden waren schon so groß geworden!

Gottes Nähe tröstet

Nach Samuels Umzug in die Kinderklinik ging es ihm zuerst sehr gut. Er brauchte nicht viel Atemunterstützung und wir konnten die Zeit mit ihm auf unserem Bauch genießen. Ich muss sagen, dass ich oft nach einer Stunde schon extrem müde war und Angst hatte, ihn fallen zu lassen, weil ich befürchtete einzuschlafen. Ich hatte überhaupt nicht vor Augen, dass diese Müdigkeit ganz normal ist nach einer Geburt und der Körper und die Hormone sich umstellen müssen. Oft plagte mich das schlechte Gewissen, weil ich an manchen Tagen froh darüber war, dass ich wieder nach Hause musste, weil ich einfach nicht mehr konnte.

Sein Zustand blieb leider nur für wenige Tage so stabil. Seine Sauerstoffsättigung war immer grenzwertig, sogar bei hoher Unterstützung. Er hatte immer wieder Abfälle. Ich war schrecklich angespannt. Ich denke, dass ich die meiste Zeit sehr stark schien und meistens fühlte ich mich auch ganz ruhig. Ich hatte in unseren neuen Alltag hineingefunden, so gut es eben ging, und wir hatten auch viele schöne Momente. Aber irgendwann, in Etappen, holten mich meine wahren Gefühle ein. Unter meiner Ruhe versteckten sich noch eine Menge Ängste.

Was mir Sorgen bereitete, war, dass wir immer noch kein Familienfoto hatten. Eigentlich wollten wir endlich ein Bild von uns Fünfen machen lassen, wenn ich Samuel auf dem Arm halten würde. Doch dazu kam es nicht. Ihm ging es nicht gut. Seine Werte waren sehr niedrig und er brauchte Ruhe.

Aber was ist, wenn wir es nicht mehr schaffen würden?

An diesem Tag habe ich sehr viel geweint. Ich begann, die Hoffnung zu verlieren, dass Samuel nach Hause kommen würde. Ich wollte ihn noch nicht gehen lassen, doch ich hatte das Gefühl, dass ich das bald tun müsste. Dann erinnerte ich mich an den Vers aus Psalm 34,19: „Nahe ist der Herr denen, die zerbrochenen Herzens sind, und die zerschlagenen Geistes sind, rettet er" (ELB). Es war unglaublich, in diesen Momenten Gott zu spüren. Er war mir so nah; ich kann es nicht beschreiben. Aber jeder, der das schon selbst erlebt hat, weiß, was ich meine. Gott hat mich dort berührt, wo mein Schmerz am größten war. Seine Nähe tief in meinem gebrochenen Herzen war so intensiv, dass es oft nicht der Schmerz, sondern Gottes wunderbar tröstende Gegenwart war, die mir die Tränen in die Augen trieb. Gott sah meinen Schmerz und er weinte mit mir. Jede meiner Tränen fing er auf. Er schenkte mir Trost durch seine Gegenwart, durch Bibelworte, durch andere Menschen, durch besondere, einzigartige Momente, für die meine Augen nun geschärft waren.

Die Zeit bleibt für uns stehen

Wir lebten in dieser Wolke. Die Welt drehte sich weiter, die Uhr tickte, aber für uns gab es keinen Kalender, keine Termine – nur unsere Familie.

Ab und zu trauten wir uns aus dieser Wolke heraus. An einem Sonntag sind wie sogar zu viert in den Gottesdienst gegangen. Es tat gut, all die Menschen wiederzusehen, die für uns beteten und die uns jeden Tag mit einem gesunden Mittagessen versorgten, damit wir nicht kochen brauchten. Das entlastete unseren Alltag sehr. Vielen Dank noch einmal dafür!

Aber es war auch merkwürdig. Schön. Schwer. Fast unrealistisch. Es tat uns gut – und andererseits hatte ich das Gefühl, ich gehörte da gerade nicht hin. Es begrüßten und drückten uns viele liebe Menschen, die für uns beteten. Ich war unbeschreiblich dankbar. Aber ich wollte zurück in diese Wolke, in der es nur uns fünf gab.

Fünf.

Ich denke, das ist auch der Grund, warum ich es nicht ertragen habe, unsere Eltern und meine Schwestern zu Samuel zu bringen und ihn vorzustellen. Wenn ich bei Samuel war, blieb die Zeit stehen und ich konnte ganz bei ihm sein. In diese Wolke jemand anderen hineinlassen? Würde diese doch irgendwie heile Welt dann platzen, wenn ich Menschen aus der Realität hineinbringen würde? Wenn ich bei Samuel war, dann wollte ich nur ihn sehen, nur mit ihm sprechen und alles andere vergessen. Deshalb war es Alex, der Samuel unseren Familien zeigte. Ich konnte es nicht.

Es gab allerdings zwei Ausnahmen. Das eine Mal stand an einem Sonntagmittag Esther aus unserer Gemeinde auf der NIPS, wo es doch eigentlich hieß, dass nur Familienangehörige dorthin durften. Aber am Sonntag machte man eine Ausnahme, und da war sie nun. Und es war gar nicht schlimm. Eigentlich sogar schön. Als frischgebackene Mama genoss ich es doch, mein Baby zu zeigen und zu erzählen, wie viel es zugenommen hatte, wie es sich entwickelte. Esther bestaunte Samuel durch das Glas des Inkubators, staunte darüber, wie es sich dieser kleine Mensch trotz der Kabel gemütlich gemacht hatte. Bevor sie wieder ging, betete sie für uns. Das tat unglaublich gut.

Später nahmen wir meine Freundin Julia mit ins Krankenhaus, die dann auch unsere lang ersehnten Familienbilder machte.

Das Leben feiern

Auf dem Weg ins Krankenhaus kämpfte ich mit den Tränen. Samuel ging es immer noch nicht besser. Eigentlich sollte an diesem Tag eines seiner Medikamente reduziert werden, und ich hatte Angst, dass er das nicht verkraften würde. Doch die Ärzte änderten ihre Pläne. Er bekam seine zweite Bluttransfusion. Das hatte ihm beim ersten Mal schon sehr gut getan, und wie sich herausstellen sollte, auch dieses Mal.

Es war dennoch ein besonderer Tag, denn unser Samuel war einen Monat alt geworden! Wir haben ihm zur Feier des Tages einen Luftballon mitgebracht, den wir an seinem Inkubator befestigen durften.

In dem Geschäft, in dem wir die Luftballons kauften, gab es auch aufblasbare Zahlen, die man für die Geburtstagsdekoration verwenden kann. Eine Eins gab es nicht, aber ich kaufte schon mal eine Zwei. Meine Gefühle waren dabei allerdings gemischt, denn ich wusste nicht, ob wir sie brauchen würden. Aber ich wollte hoffen. Die Kassiererin sagte zu Ben und Hannah: „Oh wie schön! Wer hat denn Geburtstag?" Sie war sehr lieb und so ahnungslos. Natürlich war sie betroffen, als wir ihr sagten, dass die Luftballons für den kleinen Bruder im Krankenhaus sind. So reagieren die Menschen immer. Ich auch. Manchmal hatte ich das Gefühl, sie hätten lieber eine harmlose Lüge gehört als die Wahrheit, die man erst verdauen muss. Aber dazu war ich nicht bereit. Mir war es von Anfang an wichtig, offen mit Samuels Krankheit umzugehen, auch wenn ich manchmal vor Fremden mit den Tränen kämpfen musste und den Kampf häufig verlor.

Wir fuhren alle zusammen ins Krankenhaus und besuchten unser Geburtstagskind. Ben und Hannah waren ja nicht jeden

Tag dabei, aber heute natürlich schon. Sie streichelten Samuels Hände und Füßchen. Ich habe ein Foto machen können, auf dem die Hände aller drei Kinder zu sehen sind. Ich liebe dieses Bild. Sie gehören zusammen.

Weil sich Samuels Zustand in den vergangenen Tagen nicht so gut entwickelt hatte, stand heute ein Gespräch mit den Kardiologen über die weitere Behandlung an. Das Ziel war, ein Medikament mit starken Nebenwirkungen absetzen zu können, das ihm das Atmen schwer machte. Wir waren allerdings erst einmal sehr nervös, da wir nicht genau wussten, worum es in dem Gespräch gehen würde. Bisher hatten von den Ärzten einberufene Treffen nie etwas Positives bedeutet.

Diese Angst war glücklicherweise ungerechtfertigt. Als wir zu Samuel kamen, ging es ihm gut und die Kardiologen hatten nur einen neuen Vorschlag für die weitere Therapie. Sie schlugen einen kleineren Eingriff vor, bei dem ihm eine Gefäßstütze (Stent) eingesetzt werden sollte, um das Gefäß offen zu halten. Natürlich ist auch dieser Eingriff über einen Herzkatheter bei einem Baby mit circa 1.600 Gramm nicht ohne Risiko. Aber immerhin würde sich damit die Möglichkeit auftun, dass Samuel in absehbarer Zeit von den intravenösen Medikamenten wegkam, was eine Voraussetzung war, damit er nach Hause durfte.

So haben wir dem Vorhaben zugestimmt. Wir waren sehr gespannt auf den Eingriff, der schon am nächsten Tag stattfinden sollte, am 10. Juli. Würde er die gewünschten Besserungen mit sich bringen? Natürlich hatten wir Angst, dass irgendetwas schieflaufen könnte. Aber wir spürten, dass dies der richtige Schritt war.

Offenheit hilft

Wir hatten uns dafür entscheiden, einen Blog einzurichten, um nicht jeden einzeln über Samuels aktuellen Zustand aufklären zu müssen. Also setzten wir uns hin und schrieben alles auf, was bisher geschehen war. Wir dachten schon länger darüber nach, aber hatten uns nie die Zeit dafür genommen. Nun stand Samuels Eingriff bevor und wir wollten unbedingt noch davor online gehen, damit die Menschen wussten, wofür sie beten konnten.

Alex ist zu Samuel gefahren, kurz bevor er vom Krankentransport abgeholt wurde, der ihn in die Uniklinik brachte, wo der Eingriff dann stattfand. Ich blieb bei den Großen, war aber in Gedanken nur bei unserem Baby. Nachmittags sollte Samuel zurück sein und ich wollte ihn empfangen. Aber der Krankentransport kam später als erwartet. Auf heißen Kohlen saß ich mal hier, mal da, mal draußen, dann wieder drinnen im Wartebereich. Ich wusste nicht, wohin mit mir, was ich denken und fühlen sollte. Ich wollte ihn endlich sehen, sicher sein, dass es ihm gut ging. Es war schwer, ihn völlig anderen Menschen zu überlassen, die ihn gerade durch die Stadt fuhren. *Ich kann nicht bei ihm sein. Nicht seine Hand halten. Nicht seine Stirn küssen. Nur auf dieser Bank sitzen und warten.*

Endlich durfte ich zu ihm. Er lag ohne Maske da, aber dafür mit Beatmungsschlauch im Mund. Er schien etwas aufgequollen, seine Haut war straff und fest, anders als sonst. Das lag wohl an der Flüssigkeit, die er während der OP bekommen hatte.

Samuel hatte den Eingriff gut überstanden. Nun lag er friedlich in seinem neuen Zimmer und schlief. Seine Werte waren besser als vorher, aber wie viel der Eingriff wirklich gebracht hatte, würde sich erst in den kommenden Tagen zeigen.

Wir waren unendlich dankbar, dass es unserem kleinen Kämpfer gut ging. Ich durfte ihn samt Beatmungsschlauch halten. Konnte seine kleine, feine Nase streicheln. Er wurde nun auf die normale Intensivstation verlegt, auf der nicht nur Babys, sondern Kinder unterschiedlichen Alters waren. Hier konnten die Kardiologen einen besseren Blick auf ihn haben. Wir mussten uns erst noch daran gewöhnen, dass es dort nicht mehr so schön ruhig war wie auf der Station vorher, aber es lief auch alles etwas gelassener ab. Später erfuhren wir, dass die Schwestern von „Intensiv oben" hin und wieder runterkamen, um nach Samuel zu sehen. Wie lieb!

Auch auf der neuen Station „Intensiv unten" waren die Schwestern und der Pfleger sehr liebevoll und engagiert. Eine der Schwestern war nicht nur Krankenschwester, sondern auch im Psychosozialen Dienst tätig. Sie kam an einem Nachmittag zu mir und fragte mich, wie es mir und unserer Familie ginge, gab mir ein paar Tipps, wie wir bei Ben und Hannah noch mehr für Entspannung sorgen könnten – und war einfach da.

Nun hieß das Programm für die nächsten Wochen: „groß werden und atmen üben", wie die Kinderkardiologin sagte. Nachdem Samuel sich schnell von dem Eingriff erholt hatte, wurde sein Medikament abgesetzt, das den Duktus in seinem Herzen offengehalten und die Sauerstoffsättigung unterstützt hat, ihm aber das Atmen erschwerte. Ich fragte mich, wie er darauf wohl reagieren würde, doch es machte ihm gar nichts aus. Seine Werte waren immer noch sehr gut. Bald begannen die Schwestern damit, ihn auch mal ganz alleine, also ohne Maske, atmen zu lassen, und er machte es sehr gut mit.

Aber als ihm auch noch das Medikament, das ihm beim Atmen half, drastisch reduziert wurde, war das doch etwas zu viel. Er hat so lange durch Abfälle protestiert, bis er wieder mehr davon bekam. Man ging nun dazu über, es ihm langsam auszuschleichen.

Durch all die Umstellungen war er erst mal wieder so erschöpft, dass ich nicht mit ihm kuscheln konnte. Ich durfte ihn nur durch die Scheiben des Inkubators ansehen und ihn berühren, aber hatte ihn nicht bei mir. In diesen Tagen fiel es mir besonders schwer, geduldig zu sein und zu warten, bis es so weit sein würde, dass Samuel endlich nach Hause kommt. Manchmal vermisste ich ihn so sehr, dass ich am liebsten direkt in die Klinik gefahren wäre und ihn mitgenommen hätte. Es war ein Zusammenspiel aus Angst, dass alles zu lange dauert, dass er es womöglich nicht nach Hause schafft, und der fast unerträglichen Sehnsucht danach, mein Baby dort zu haben, wo es hingehört: in meinem Arm, zu Hause, in unserer Familienrunde.

Seit dieser Zeit verfolgten immer mehr Menschen Samuels Geschichte auf unserem Blog. Unsere Familien und Freunde, unsere Gemeinde, Menschen, mit denen wir schon seit Jahren keinen Kontakt mehr hatten, und welche, die wir gar nicht kannten. Das tat uns unbeschreiblich gut. Wir brauchten unsere Wolke, die uns Sicherheit gab. Aber nun wussten wir mehr als vorher: Wir sind nicht allein.

Leben ist hier und jetzt

In anderen Blogs las ich, dass Eltern ihre Babys mit Trisomie 18 direkt mit nach Hause genommen haben, um noch etwas Zeit mit ihnen zu haben. Und manchmal wollte ich einfach nicht akzeptieren, dass es bei uns nicht ging, weil Samuel immer noch viel zu leicht und instabil war. Ich durfte unsere Situation nicht mit der anderer vergleichen. Trotzdem fragte ich mich oft und tue es heute noch hin und wieder, warum es bei uns nicht ging. Warum durfte er nicht nach Hause? Manchmal ist es in Ordnung und ich bin einfach dankbar für die Erinnerungen, die wir mit ihm haben. Aber es gibt Zeiten, da hadere ich doch damit. Hätten wir darauf bestehen sollen? Eigentlich glaube ich, dass für unsere Familie alles so gelaufen ist, wie es gut für uns war. Da bin ich mir sicher. Doch das Was-wäre-gewesen-wenn schleicht sich dennoch hin und wieder in meine Gedanken. Mein Herz trauert immer noch darum, was hätte sein können, wenn wir die Chance gehabt hätten …

Ich hätte ihn so gerne mit all meiner Liebe überschüttet, ihn gehalten und geküsst. Ich wollte sein Leben feiern und Erinnerungen mit ihm schaffen, sodass auch Hannah und Ben ihn nie vergessen würden. Doch das alles ging jetzt kaum. Und wir wussten nicht, wie viel Zeit wir mit ihm haben würden.

Manchmal habe ich Alex beneidet, weil es mir schien, als würde er die ganzen tollen Momente abkriegen. An einem Vormittag konnte er Samuel sogar kurz ohne Maske halten und mit ihm schmusen, weil er gerade gebadet und gewogen worden war. Ich hatte gehofft, dass es am Nachmittag auch bei mir klappen würde. Doch als ich ankam, regte er sich gerade so auf, dass sein Kopf eine Farbe zwischen dunkelrot und dunkelblau hatte, und offenbar ging das schon eine ganze Weile so. Immer wieder fiel seine Sauerstoffsättigung stark ab. Ich war sehr frustriert, weil ich dachte, dass ich bestimmt wieder nicht kuscheln könne. Doch die Schwester bereitete alles vor und ich war gespannt, wie lange das gut gehen würde bei seiner Laune. Gerade als sie ihn mir geben wollte, hatte er wieder einen Abfall und schrie so laut wie dieser kleine Vogel es nur konnte.

Doch sobald er auf mir lag, wurde er ruhig. Er war ganz still und schlief friedlich ein. So saßen wir über zwei Stunden da und er hat keinen Mucks von sich gegeben und hatte auch keinen einzigen Abfall. Ich war Gott so dankbar für diese Zeit – an genau dem Tag, an dem ich so frustriert und traurig war. Wir haben diese Kuscheleinheit beide gebraucht und ich fand es so schön zu spüren, dass ich Samuel etwas geben konnte, was ihm half.

Wir saßen einfach nur da. Die Zeit blieb stehen. Ich sog seinen Geruch in mich auf. Meine Hand ruhte auf seinem Rücken und ich kam zur Ruhe. Ich war ganz da. Im Hier und Jetzt. Ja, ich war sogar auf einmal völlig sorgenfrei. Alles war perfekt. Das klingt komisch, wenn man bedenkt, dass ich in einem Zimmer der Kinderintensivstation war, in der todkranke Kinder lagen. Da waren Infusionen, blinkende Monitore, beschäftigte Ärzte und Pfleger. Aber dennoch gehören diese Stunden zu den schönsten meines Lebens.

Und auch, als er wieder in seinem Bettchen lag, war er immer noch ruhig, sodass die Schwester ihm eine Pause von der Maske zutraute. Es war so süß! Denn er war wach und guckte mit seinen kleinen, dunklen Knopfaugen durch die Gegend und meisterte das Atemtraining mit Bravour. Ich liebte seine Augen so. Wir sahen sie nur selten, aber umso faszinierender waren sie. Er schaute sich um und ich war voll mütterlichen Stolzes. Hin und wieder erlebten wir typische Babysachen mit ihm. Zum Beispiel, als ich ihn zum ersten Mal selbst aus seinem Bettchen hob und

er seine Beinchen an sich zog. Das habe ich schon bei den Großen so geliebt.

Ich beschloss, mir die Erlaubnis dafür zu geben, ganz für ihn
da sein zu dürfen und mich nicht um andere Menschen zu kümmern. Da war das Teenie-Mädchen, das ein paar Tage neben
Samuel lag und eine ganz traurige Familiengeschichte hatte. Ich
überlegte, mit ihr zu reden, aber ich konnte nicht. Die wenige
Energie, die ich hatte, brauchte ich für meine Familie. Mehr
hatte ich nicht zu geben. Alex hatte sich allerdings mit ihr unterhalten. Ich bewunderte ihn für seine Offenheit und Stärke.

Die Momente mit Samuel, das waren Momente, die voll
waren. Voll von Wärme, Liebe und Frieden. Ich war zufrieden,
vollkommen erfüllt. Wie leer war ich vorher oft gewesen, wenn
mein Kalender zu platzen drohte. Endlich wusste ich, was ich
brauchte, um mich wirklich lebendig zu fühlen: Ich musste lernen, im Hier und Jetzt zu leben. Das ist alles. So einfach. Und
doch so schwer.

Auch wenn es mich verrückt machte, dass das Leben um mich
herum einfach weiterging, während ich festzuhängen schien –
während für mich die Zeit stehen geblieben war –, genoss ich
diesen Stillstand mit Samuel auf dem Arm. Ich erschrak, wenn
ich auf die Uhr sah und feststellte, dass sich die Zeiger weiter-
bewegt hatten und ich mich wieder von ihm trennen musste.
Zuhause war es nicht immer leicht, das Jetzt wahrzunehmen
und zu genießen. Aber auch mit Ben und Hannah hatten wir
intensive Momente voller Freude und Frieden.

Das klingt so verrückt! Wenn ich den letzten Absatz lese,
frage ich mich selbst immer wieder, wie das möglich war. Aber
es stimmt. Wenn ich die Zeit, die ich habe, bewusst wahrnehme,

begegne ich Gottes Herrlichkeit in so vielen alltäglichen Dingen, dass mein Herz durchatmen kann und ich das Leben in mir
spüre. Obwohl der Tod so nahe war, fühlte ich mich lebendiger
als je zuvor.

Dankbarkeit ist eine Entscheidung

Dankbarkeit üben

Samuels siebte Lebenswoche war wahrscheinlich die schönste für uns alle. Gott hat uns viele Gründe geschenkt, um dankbar zu sein. Wir haben damals eine Liste für unseren Blog gemacht:

1. In der letzten Woche hat sich Samuels Zustand leider nicht gebessert, im Gegenteil. Er verträgt inzwischen keine Pausen mehr von seiner Maske und braucht zusätzlichen Sauerstoff. Die Maske hat ihn aber echt schon richtig genervt. Ständig musste jemand an ihm herumfummeln, weil sie immer und immer wieder verrutscht ist. Mal hat sie ihm die Nase abgedrückt, dann saß sie zu locker und sein kleines Köpfchen war schon richtig verformt. Dann hat man eine andere Mütze ausprobiert – in Größe XL. Aber auch damit war er nicht so richtig zufrieden. Dann kam schließlich eine der Ärztinnen auf die Idee, eine sogenannte High-Flow-Brille auszuprobieren. Das war keine Maske, es verrutschte (fast) nichts mehr, er hat nichts auf dem Kopf, nur ein dünner Schlauch ist nötig, um ihm Luft in die Nase zu pusten. Das trug erheblich zu seiner Zufriedenheit bei. Er ist ruhiger geworden, hatte weniger Abfälle und wir konnten ihn so viel besser sehen! Es macht den Anschein, als würde er sich wohler fühlen, je weniger Hilfe er bekommt, wobei er dennoch nicht ganz ohne auskommt.

2. An einem Tag kam ich in sein Zimmer und wurde wieder überrascht. Samuel lag in einem Wärmebettchen und nicht mehr im Inkubator! Wir können jetzt einfach den Deckel aufmachen und ihm ein Küsschen geben, mit ihm schmusen. Der kleine Mann hält seine Körpertemperatur inzwischen recht gut – und das hat er …

3. … seinen mittlerweile 1.860 Gramm zu verdanken. Ein echter Wonneproppen. Für uns sieht er schon richtig groß aus.

4. Samuel durfte nach sechs Wochen nun mehr als seine Windel anziehen. Er trägt nun seinen ersten Strampler. Damit sieht er gleich „viel erwachsener aus", wie eine Schwester bemerkte.

5. Unser kleiner Vogel trinkt aus der Flasche! Wer hätte das für möglich gehalten. Einer der Ärzte hat uns kurz nach der Diagnose gesagt, dass das wahrscheinlich nie für ihn möglich sein wird, und jetzt das! Er schafft zwar noch nicht seine gesamten 40 Milliliter, aber heute Nacht waren es immerhin 22. Wir sind so stolz auf ihn!

6. Unser Junge hat eine Lieblingsseite. Er liegt viel lieber auf der linken Seite. Es ist wirklich erstaunlich, wie schon so kleine Würmchen ihre Vorlieben entwickeln. Er ist ein ganz einzigartiges Persönchen!

7. Endlich sind unsere ersten Familienfotos mit Samuel entstanden! Ich bin so erleichtert, dass das geklappt hat.

Meine Freundin Julia begleitete uns ins Krankenhaus. Wie sie mir später erzählte, war sie aufgeregt und gespannt. Wir hatten mit den Schwestern abgesprochen, dass wir eine Fotografin mitbringen würden. Es war Wochenende und dadurch wenig los. Als Eltern ist man natürlich stolz auf sein Kind. Ich war stolz, Julia unseren Samuel vorzustellen. Das war mein Sohn. Mein Junge! Die Schwester legte Samuel in meinen Arm und der Rest unserer Familie sammelte sich um uns herum. Dann machten wir Bilder, wie die stolzen, großen Geschwister unseren Babyjungen küssten. Ich empfand diese Szene als ausgelassen, fast idyllisch. Wir waren einfach glücklich. Wie wertvoll diese wenigen Aufnahmen für uns waren, haben wir erst verstanden, als Samuel gestorben war.

Fotos von einem früh verstorbenen oder einem tot geborenen Kind sind für die Zeit der Trauer sehr wichtig für Eltern. Sie zeigen, dass dieses Kind wirklich da war. Es war real, kein Phantom, keine Einbildung. Und je weniger Erinnerungen man mit ihm hat, desto wertvoller sind diese Aufnahmen.

Einige Wochen nach Samuels Tod habe ich von einer Organisation in Amerika erfahren, die ehrenamtliche Fotografen vermittelt, um Bilder von Kindern zu machen, die tot zur Welt kommen oder nur kurze Zeit am Leben sein würden. Inzwischen gibt es dafür auch in Deutschland Netzwerke (siehe Anhang).

Ein wichtiger Punkt stand noch auf unserer Dankesliste:

8. Wir kamen wieder mal zu viert ins Krankenhaus, denn Ben und Hannah vermissten ihren kleinen Bruder schrecklich! Allerdings hatte kein Arzt Zeit, unsere beiden Großen durchzuchecken, bevor sie ins Krankenzimmer durften. Da fragte uns die Schwester, ob wir Samuel stattdessen mit nach draußen nehmen wollen. Und ob wir wollten! Was für eine Überraschung!

Wir legten ihn in einen Kinderwagen, die Sauerstoffflasche kam unten rein, und los ging es. Die großen Geschwister waren so glücklich, ihren kleinen Bruder zu schieben, abwechselnd, versteht sich! Es war ein herrlicher, sonniger Tag, Ben und Hannah sprangen ausgelassen um uns herum, streichelten Samuel zwischendurch immer wieder, gaben ihm den Schnulli. Wir waren alle aufgeregt und selig. Es fühlte sich fast wie ein ganz normaler Familienspaziergang an, wie normale Familien das eben machen. Ja, davon hatten wir geträumt.

Ben hat seinen kleinen Bruder sogar füttern dürfen. Er hat ihm immer wieder kleine Schlückchen mit der Spritze durch die Magensonde verabreicht. Was war er stolz, unser Großer. Ich hockte die meiste Zeit neben dem Kinderwagen und sah Samuel an, wie er am Schnulli nuckelte – das machte er nicht oft, aber es sah einfach süß aus – und wie hin und wieder ein leises Geräusch von sich gab, das Alex sogar gefilmt hat. Dann ging ich mit den Großen auf den Spielplatz, während Alex seine Zeit mit Samuel hatte. Ich muss zugeben, das war nicht immer leicht für mich. Aber ich wusste, dass diese Zeiten sowohl für den Papa als auch für den kleinen Sohnemann sehr wichtig waren. Und ich war stolz auf Alex, dass er sich das nicht nehmen ließ.

Samuel ging es so richtig gut. Seine Werte hätten nicht besser sein können und wir waren alle einfach glücklich. „Zuhause gehen wir dann auch ganz oft mit ihm spazieren", hatte ich noch zu den Kindern gesagt. Wir stellten uns vor, wie wir durch die Felder gingen – Samuel in seinem eigenen Kinderwagen, Ben auf seinem Fahrrad und Hannah auf dem Laufrad. Wir wären endlich zusammen und könnten unser Familienleben zu fünft beginnen …

Nach diesem herrlichen Nachmittag konnten wir nicht anders, als uns all diese Dinge vorzustellen. Wir waren bis auf die Sauerstoff-Flasche und den Monitor im Kinderwagen eine normale und glückliche Familie. Diese beiden Gefährten würden uns auf den vielen Ausflügen mit unserem Söhnchen begleiten. Aber wir würden noch ganz viel zusammen erleben.

Es war ein perfekter Tag. Sonnenschein pur. Leben. Glück. Freude. Zusammensein. Ein Geschenk.

Ein einmaliges Geschenk.

Blogpost vom 22. Juli 2013

Dankbarkeit ist die Entscheidung gegen die Wut

Alex und ich haben den Film „Courageous – Ein mutiger Weg" geguckt. Darin geht es um fünf Männer und ihre Rolle als Väter. Einer von ihnen verliert seine Tochter bei einem Verkehrsunfall. Seine Frau und er sind am Boden zerstört. Er sucht das Gespräch mit seinem Pastor und der sagt ihm folgenden Satz:

Wir können wütend auf die Zeit sein, die wir nicht mir ihr verleben durften, oder dankbar für die Zeit, die wir mit ihr hatten.

Das hat uns sehr angesprochen. Es gibt so viele Dinge, die wir unserem kleinen Vogel gerne gezeigt und gesagt hätten. Ben wollte mit ihm Fußball spielen. Hannah wollte einfach mit ihm kuscheln. Alex wollte mit seinen beiden Jungs zelten. Und ich? Ach, da gibt es so vieles ... Das macht uns zwar nicht wütend, aber traurig.
Fehlende Erinnerungen tun weh. Wir entscheiden uns dennoch dafür, dankbar zu sein.
Wir sind dankbar dafür, dass wir unseren Samuel kennenlernen können. Wir können ihn sehen – seine dunklen Augen, wie er versucht, mit seiner Zunge die Sonde aus dem Mund zu schieben. Wir können ihn riechen – dieser Babygeruch ist der Wahnsinn, ich will ihn direkt abknutschen!! Wir dürfen sein leises Stimmchen hören und seine weiche Haut auf unserer spüren. Wir dürfen mit ihm kuscheln, ihn küssen und ewige Erinnerungen schaffen. Ich genieße ganz besonders die Momente, in denen ich meinen kleinen Jungen auf dem Arm habe und er ganz friedlich bei mir schläft. Meine Hand liegt auf seinem Rücken, der sich gleichmäßig hebt und senkt. Manchmal wird der Rhythmus durch eine Pause unterbrochen und

dann kitzle ich ihn so lange, bis er wieder tief durchatmet.
Es sind Stunden, die wir so jeden Tag verbringen, aber
sie verfliegen oft so schnell wie Augenblicke. Doch diese
Augenblicke schenken uns beiden Ruhe und Kraft, auf das
nächste Wiedersehen zu warten.
Danke, Gott, für dieses WUNDERvolle Geschenk und jeden
Augenblick, in dem wir es genießen dürfen!

Das schrieb ich kurz nach unserem Spaziergang. Und es war ehrlich. Genauso ehrlich muss ich sagen, dass die Wut irgendwann durchbrach. Sie hatte ihren Platz in unserer Trauer um all das, was wir nie mit Samuel werden erleben können. Wir werden nie ein erstes Wort hören oder seine ersten Schritte filmen. Keine Einschulung, kein Pflaster auf dem aufgeschlagenen Knie, keine Fahrradtour und keine Hochzeit.

Fehlende Erinnerungen tun weh.

Aber die Dankbarkeit bleibt.

Noch mehr Gründe zu danken

Die Vorbereitungen für Samuels Pflege zu Hause begannen. Unser Schlafzimmer war schon umgestellt. Meine Freundin Amy half mir, jeden Winkel des Raumes zu putzen. Wir waren auf der Suche nach einem geeigneten Pflegedienst und der Sauerstoff war bestellt. Wir wurden toll betreut, die Ärzte und Pfleger freuten sich mit uns und wir waren voller Vorfreude, auch wenn wir nicht wussten, was auf uns zukommen würde. Wie würde unser Tag aussehen? Würden wir wirklich so viel mit ihm unternehmen können, wie wir uns das vorstellten? Wie viel Hilfe würden wir brauchen? An wie wenig Schlaf würden wir uns gewöhnen müssen? Wie würde das Leben mit einem kranken Kind sein?

Wir durften wunderschöne Tage mit Samuel erleben, ohne dass wir wussten, dass es die letzten sein würden. Als wäre es sein Abschiedsgeschenk für uns gewesen. Wir kuschelten, fotografierten, küssten. Die Besuche bei ihm waren nicht mehr von Sorgen geprägt, sondern von Leichtigkeit und Glück.

An einem Tag fragte mich eine Schwester, die ich bis dahin gar nicht kannte, ob ich ihn stillen wollte. Ich war völlig perplex, weil mir nie jemand gesagt hatte, dass ich es versuchen könnte. Aber sie ermutigte mich dazu, baute eine Wand vor mir auf und Samuel und ich erlebten einige ganz besondere Minuten. Ich hatte damit gar nicht gerechnet. Ich hatte die anderen Kinder immer gerne gestillt, und war traurig darüber, dass es bei Samuel nicht ging. Aber ein einziges Mal hatten wir diese besondere Verbindung. Noch ein Geschenk! Mein kleiner Junge hat tatsächlich ein paar Mal gesaugt und schien zu trinken. Nicht lange, weil es ihn sehr müde machte, aber ich war so glücklich und stolz auf ihn!

Danach hat er erst mal schlafen müssen, um sich zu erholen, aber das war in Ordnung. Ich hatte noch eine bleibende Erinnerung.

An einem anderen Tag war gerade niemand da, den ich hätte bitten können, mir Samuel auf den Arm zu geben. Ich war so daran gewöhnt, dass man ihn mir reichte, während ich schon auf dem Stuhl saß, weil es mit den Kabeln sonst kompliziert wurde. Doch nun nahm ich ihn allein heraus und hätte nicht glücklicher sein können. Die normalste Sache der Welt. Eine Mutter nimmt ihr Kind in den Arm.

Zuhause überkamen mich dennoch manchmal Ängste und Zweifel, dass ich dieser Herausforderung nicht gewachsen sein würde. Wie sollte ich es schaffen, wenn ich jetzt schon so kaputt war. Aber dann kam mein lieber Mann und baute mich wieder auf. Mit Worten, mit Gebeten und mit einem Fußmassagebad! Er tat alles, um mir zwischendurch möglichst viel Entspannung zu gönnen.

Ich habe wirklich den besten Mann der Welt geschenkt bekommen. Und unsere Kinder haben den allerbesten Papa. Wie er sich um Ben und Hannah gekümmert hat und wie viel Zeit er mit Samuel verbracht hat. Nicht jeder hat diese Möglichkeit, weil nicht jeder gerade während solch einer Zeit zwischen Studium und Referendariat eine Pause hat. Aber wie mir immer wieder gesagt wurde, kommen auch nicht alle Eltern so oft zu ihren Kindern ins Krankenhaus wie wir, auch wenn sie die Möglichkeit dazu haben. Das ist schwer vorstellbar für mich. Umso dankbarer bin ich für die Zeit, die wir gemeinsam hatten.

29. Juli 2013

Wir können überhaupt nichts planen, weil wir nicht wissen, wie lange wir unseren Samuel noch haben. Diese Ungewissheit ist echt schwer zu ertragen. Eigentlich sind wir sehr positiv gestimmt, aber im Hinterkopf ist immer der Gedanke, dass wir bald ,Auf Wiedersehen' sagen müssen. Aber das ist auch gleichzeitig unser Trost. Wir werden ihn wiedersehen, irgendwann, bei dir. Danke dafür! Amen.

Dankbarkeit. Ich glaube, sie ist zu einem meiner Lebensthemen geworden, das ich inmitten dieser Tragödie gelernt habe.

Ist nicht jeder Atemzug ein Wunder? Unverdiente Gnade? Grund zur Dankbarkeit?

Wir entscheiden uns jeden Tag, ob wir auf das sehen, was wir nicht haben, was uns nicht gefällt, was uns belastet – oder auf die Dinge, die uns geschenkt worden sind. Denn wirklich: Es sind Geschenke. Warum sind wir der Meinung, dass uns Gesundheit und Frieden und die Erfüllung all unserer Wünsche zustehen? Sind wir so gut?

Gnade. Die Bedeutung dieses Wortes möchte ich mir neu bewusst machen. Gnade. Ein Geschenk. Unendlich viele Segnungen jeden Tag. Viel zu viele habe ich schon übersehen. Ich möchte hinsehen, sie aufsaugen und in Ehrfurcht Danke sagen.

Der Abschied liegt zwischen Himmel und Erde

Manchmal weiß man es

Ein Hindernis, das zwischen Samuel und seinem Zuhause stand, waren seine beiden Leistenbrüche. Vor allem auf der linken Seite hatte er eine große Beule. Sie machte ihm noch keine Probleme, doch das konnte sich schnell ändern und ihm sehr große Schmerzen bereiten. Da er so stabil war, wollten die Ärzte diese kleine Routine-OP gerne noch erledigen. So würden sie sich wohler fühlen, ihn uns mitzugeben. Wir sahen ja auch, wie gut es unserem Kleinen ging. Wir hätten keinem größeren Eingriff zugestimmt, aber dies hier schien uns der richtige Weg.

Samuel sollte am Morgen des 31. Juli operiert werden. Ich war schrecklich nervös, vertrieb mir die Zeit mit Putzen. Mittags hat Alex mich dann zur Uniklinik gefahren. Als wir die Schleuse passierten, sagte Alex: „Das fühlt sich an wie ein Rückschritt." Genau das empfand ich auch. Hier haben wir um Samuels Leben gebangt. Hier kamen wir wochenlang voller Sorgen her. Und nun waren wir wieder hier. Sollte es wieder so werden? Irgendwo in dieser großen Klinikstadt war unser Samuel, und wir hatten keine Ahnung, was gerade mit ihm geschah, konnten nicht bei ihm sein.

Alex und die Kinder waren auf dem Spielplatz. Und ich wartete. Ich wartete vor der Station, auf die er kommen sollte, und wartete, ohne irgendwelche Informationen zu bekommen. Ich wusste nur, dass er noch nicht da war, und das, obwohl schon Stunden seit dem OP-Termin vergangen waren. Ich saß da, voller Unruhe und malte mir alle möglichen Szenarien aus. Was war da bloß los? Wo war mein Baby? Ich konnte nur beten. Ich weiß nicht, wie lange ich dort saß, aber es waren gefühlt mehrere Stunden. Irgendwann kam ein Arzt, den ich aus der Kinderklinik kannte, an mir vorbei und ging durch die Tür, die für mich verschlossen blieb. Als er wieder rauskam, sagte er mir, dass Samuel jetzt angekommen wäre und die OP gut gelaufen sei. Er wurde noch in seinem neuen Bett eingerichtet und dann könnte ich zu ihm. Danke! Wenigstens wusste ich jetzt, wo er war.

Dann wartete ich wieder. Als ich eine ganze Weile wieder nichts gehört hatte, fragte ich nach und daraufhin durfte ich endlich zu meinem kleinen Sohn. Es waren vertraute Gesichter um mich – die Kinderkardiologin, ein Pfleger aus der Kinderklink, aber Samuel erkannte ich kaum wieder. Sein kleiner Körper und sein Gesicht sahen so anders aus, irgendwie aufgedunsen. Im Mund hatte er ein Tuch, damit die Luft aus dem Beatmungsschlauch nicht direkt wieder entwich, sondern in seinen Lungen ankam.

Nachdem ich ihn gesehen hatte, ging ich erst mal auf die NIPS, die in einem anderen Gebäude lag, um dort Milch für ihn abzupumpen. Ich hoffte, niemandem zu begegnen, der mich noch kannte, denn ich wollte mit niemandem sprechen und niemandem erzählen müssen, wie es Samuel gerade ging. Ich wusste es ja selbst nicht genau. Aber ich fühlte, dass es ihm nicht gut ging. Es war eindeutig ein Rückschritt.

Ich klärte Alex über den aktuellen Stand auf und er fuhr mit den Kindern nach Hause. Ich blieb. So lange ich konnte. Ich beobachtete jede Veränderung bei ihm. Ich hielt seine Hand. Betete. Redete mit ihm. Es war doch alles Ordnung, oder?

Das ganze Zimmer schien bedrückender als die anderen, in denen er vorher war. Die Stimmung war sorgenvoller und ernster. Die Ängste wollten nicht weichen. Ich erinnere mich nicht mehr an alle einzelnen Abläufe. Immer wieder, wenn Samuel aus der Narkose langsam aufzuwachen schien, bekam er einen Abfall, weil er sich gegen die Beatmung wehrte. Um ihn zu beruhigen, wurde er wieder sediert, und wir waren so weit wie vorher. Das machte mir große Angst.

Am liebsten hätte ich ihm die Beatmung weggenommen, damit er wieder selbstständig atmen konnte. Das hat ihm bisher am besten getan. Und wenn er es nicht schaffte, dann wollte ich ihn nicht weiter künstlich am Leben erhalten. Er schien sich einfach nur zu quälen, sobald er begann, aufzuwachen. Manchmal weiß man es einfach.

Bevor Alex mich abgeholt hat, wurde Samuels Blut noch einmal untersucht, und man fand Anzeichen für eine Infektion. Das konnte doch nicht wahr sein! Gerade jetzt? Samuels kleiner Körper kämpfte, das war deutlich zu erkennen. Ich wollte nicht weg von ihm. Ich wollte die ganze Nacht hier sitzen bleiben. Doch am Ende der Besuchszeit fuhr ich nach Hause. Ach, wäre ich doch bei ihm geblieben! Da ist er wieder, dieser Gedanke.

Und dann lasse ich es wieder los, das Hätte-Wäre-Wenn und bleibe beim So-war-unsere-Geschichte.

Als ich Alex alles erzählt hatte, sagte ich, dass ich am nächsten Tag am liebsten die ganze Zeit bei unserem Baby sein würde. Eigentlich war Alex ja dran, zu ihm zu fahren, aber mein lieber Mann spürte, wie wichtig das für mich war und überließ mir diese Zeit. Er ging am nächsten Morgen kurz zu ihm, während ich ganz hibbelig mit den großen Kindern im Auto wartete. Als er zurückkam, verriet sein Gesicht, dass er sich genauso große Sorgen machte wie ich.

Samuels Körper war immer noch aufgedunsen. Ich gab ihm einen Kuss und legte meine Hand auf seinen Bauch. Mit der anderen Hand hielt ich sein kleines Händchen. So saß ich dann da. Immer wieder wurde diese Situation unterbrochen durch das Piepen, mehrmals musste der Pfleger Samuel mit dem Beatmungsbeutel stabilisieren. Waren das die Anfänge einer Reanimation? Ich kannte diese Beutel nur aus Filmen. Aber jedes Mal fing Samuel sich wieder.

Langsam füllte sich der Raum mit Ärzten und Schwestern, die etwas an einem anderen Baby machen mussten. Auch der Oberarzt war da, der Samuel aus der Kinderklinik kannte. Nach einiger Zeit schlief mein Arm ein und ich wollte meine Position ändern. Meine Hand, die auf seinem Bauch gelegen hatte, hinterließ einen deutlichen Abdruck, wie ich es vorher noch nie gesehen hatte. Plötzlich hatte er wieder einen Abfall. Beutel. Alles wieder gut.

Der Pfleger drehte ihn auf die andere Seite, weil er schon vier Stunden lang auf der linken, seiner Lieblingsseite, gelegen hatte. Ich ließ seine Hand los und dann … Dann sehe ich alles nur noch wie von oben. Es ging ganz schnell. Die Sättigung fällt, Beatmung mithilfe des Beutels, Medikamente, blau gekleidete Menschen. Ein grün gekleideter Mann, der Oberarzt. Er gab Anweisungen. Drei Schwestern nahmen mich zur Seite, wollten mich rausbringen, aber ich wollte nicht. Wollte es nicht wahrhaben. Wollte ihn nicht verlassen. Ich hatte Mühe, mich auf den Beinen zu halten. Als eine Ärztin anfing, auf Samuels kleinen Oberkörper zu drücken, wusste ich, dass es Zeit war. Da wusste ich es ganz sicher.

Meine Nachricht an Alex lautete: „Komm jetzt." Das war alles. Es war 12.50 Uhr. Ich wollte den Ärzten sagen, dass sie ihn gehen lassen sollten, aber ich hatte keine Stimme. Stattdessen wurde ich zur Seite gebracht, auf einen Stuhl gesetzt, bekam Wasser. Meine Knie zitterten und ich hatte Angst zusammenzuklappen, aber ich betete, dass Gott mich stärkt, damit ich bei Samuel bleiben konnte. Alex fragte, ob er mit den Kindern kommen sollte. Ja, sie sollten sich auch verabschieden. Eine der Schwester riet mir zwar davon ab, aber ich blieb bei unserer Entscheidung, die wir vorher schon getroffen hatten. Er ist ihr Bruder und sie wollten ihn sehen und anfassen. Sie haben ihm etwas zu sagen, möchten ihm etwas schenken und sich verabschieden. Doch ich rief auch Amy an und bat sie herzukommen, um uns die Kinder abzunehmen, damit Alex und ich auch zu zweit noch Zeit mit Samuel hätten.

Zwischen dem Gewirr von blauen Kitteln sah ich den leblosen Körper meines Babys liegen. Ich ließ dem Oberarzt ausrichten, dass ich nicht wollte, dass sie es lange versuchten und viel an ihm machten. Er kam zu mir und sagte mir, dass sie nur noch einen Versuch starten würden. Ich konnte nicht viel reden, nichts erklären. Er ging wieder zu meinem Baby. Doch dann hob er seinen Blick und sah mir in die Augen. *Jetzt ist es vorbei,* dachte ich. Es war eine ohnmächtige Feststellung. Der Augenblick, den wir gefürchtet hatten, war nun da. Samuels kleiner Körper war durch die Infektion so geschwächt, dass sein Herz nicht mehr mitmachen wollte. Unser kleiner Vogel war davongeflogen.

Da war kein endloses Piepen, keine gerade Linie auf dem Gerät. Der Monitor zeigte Lebenszeichen, weil Samuel noch beatmet wurde. Später sagte mir der Oberarzt, wahrscheinlich war Samuel schon längst aus seinem Körper geflogen und fragte nur: *Was macht ihr da eigentlich noch?* Ich glaube das auch. Ich hoffe es. Ich will nicht, dass er das mitbekommen hat.

Ich sagte mit den wenigen Worten, die ich aus mir herausbrachte. „Ich will ihn halten, wenn er stirbt." Ich setzte mich neben ihn und man legte ihn in meinen Arm. Er war so schwer. Seine Arme hingen einfach nur herunter. Erst jetzt wurden die Geräte abgestellt. Der Oberarzt fragte, ob wir ihn taufen lassen möchten. Ich brachte nicht mehr als ein Nein heraus. Ich hatte keine Kraft zu erklären, dass das nicht nötig war. Samuel war bereits in den liebenden Armen Gottes.

Wir brauchen einen gemeinsamen Abschied

Eine Schwester holte alle Schläuche aus Samuels blassem Körper, den Beatmungsschlauch aus seinem Mund, die Kanüle aus seinem Kopf. Andere zogen Vorhänge um uns, damit wir für uns sein konnten. Dann war ich allein mit meinem Baby, das eigentlich gar nicht mehr da war. Ich küsste es und heulte. Ich drückte es an mich und wollte es nie wieder loslassen.

Alex hatte ich nicht geschrieben, was los war. Aber er ahnte, was mein „Komm jetzt" zu bedeuten hatte. Als er mit Hannah und Ben zu uns stieß, sah Alex Samuel nur an und da war ihm alles klar. Er weinte, zitterte, und wir versuchten, Ben und Hannah zu erklären, dass Samuel jetzt im Himmel war. Dass es ihm jetzt gut ginge, er jetzt endlich geheilt und frei war. Er ganz er selbst sein konnte. Sie streichelten und küssten ihn.

In der Zwischenzeit wurde ein freier Raum gefunden, in dem wir noch etwas Zeit mit Samuel verbringen konnten. Ich legte ihn in einen Kinderwagen und Ben schob ihn stolz über den Flur. Menschen, die nichts wussten, staunten über diesen süßen Anblick und das süße Baby.

Dann waren wir allein als Familie. Ben und Hannah freuten sich, ihren kleinen Bruder endlich auf den Arm nehmen zu können. Sie waren fröhlich und ausgelassen. In Alex und mir aber war Chaos. Oder Leere? Ich kann es gar nicht genau sagen. Ohnmacht. Wir brachen nicht zusammen. Wir schrien nicht. Wir weinten. Wir küssten Samuels kühles Gesichtchen. Alex brachte dann unsere großen Kinder nach unten zu Amy, die inzwischen angekommen war, und ich durfte noch ein wenig allein mit Samuel sein. Immer wieder sagte ich Dinge wie: „Komm zurück" oder „Nimm mich mit". Als Alex zurück war, ging ich zur Toilette und er konnte ein wenig allein mit seinem kleinen Sohn sein, den er so sehr liebte. Wir brauchten diese Zeit allein mit unserem Kind beide. Aber es war auch wichtig für uns, zusammen zu sein, einander festzuhalten, gemeinsam zu weinen.

Wir haben ihn noch einmal genau angesehen, seine feine Nase, jeden einzelnen Finger, seine Öhrchen. Auch für Ben und Hannah war dies wichtig, weil sie diesen Abschied brauchten. Ich glaube, dass Kinder viel besser mit solchen Situationen umgehen können, als wir oft glauben.

Irgendwann kam der Oberarzt wieder zu uns und sagte, dass er es gut fand, dass wir Ben und Hannah die Möglichkeit gaben, sich zu verabschieden. Er selbst habe dies bei seinem kleinen Bruder nicht tun können, was sehr belastend für ihn gewesen sei.

Dann kam noch eine Ärztin, die ich schon vom Tag vorher kannte, mit einer Babyschale. Sie drückte mich und sagte mir: „Samuel hätte keine bessere Mutter haben können." Solche Sätze haben mir sehr viel bedeutet, weil ich in Zeiten der Verzweiflung alles in Frage stellte.

Alex ging runter zu Amy, die von den Kindern bereits erfahren hatte, dass Samuel im Himmel war. Ich stieg mit unserem Sohn in der Babyschale in einen Krankentransport, und wir fuhren zurück zur Kinderklinik, die für ihn ein Zuhause geworden war. Dort wurden wir von der Kinderkardiologin und einigen Schwestern empfangen. Sie umarmten mich. Auch ihnen stand der Schock noch ins Gesicht geschrieben. Niemand hatte damit gerechnet, dass Samuels Leben so enden würde.

Sein Körper wurde in einem dafür vorgesehenen Raum aufgebahrt. Der Raum war klein und kalt, aber liebevoll hergerichtet. Die Schwestern deckten ihn zu, brachten mir Wasser und ließen mich allein mit ihm. Ich konnte nicht anders – ich nahm ihn wieder auf den Arm und drückte ihn an mich. So viel ich konnte, wollte ich noch von ihm in mich aufnehmen. Ich sah ihn genau an. Auch wenn er nicht mehr so aussah wie vorher, wollte ich nichts vergessen.

Nachdem Alex und die Kinder auswärts etwas gegessen hatten, kamen sie zu uns. Ben und Hannah nahmen ihren kleinen Bruder wieder auf den Arm und küssten sein kaltes Gesicht. Dann spielten sie noch auf dem Spielplatz des Krankenhauses, während Alex und ich abwechselnd bei Samuel waren.

Uns war es sehr wichtig, dass Samuels Tod für seine Geschwister nichts Unheimliches war. Wir waren traurig und weinten viel, aber wir wussten, dass es Samuel jetzt gut ging, und deshalb konnten wir uns für ihn freuen. Da wir uns auf diesen Tag vorbereiten konnten, hatten wir uns schon einige Gedanken darüber gemacht, wie wir mit den Kindern darüber reden würden. Sie gingen ganz natürlich mit ihrem verstorbenen Bruder um. Und waren gleichzeitig so unbeschwert; ihre Heiterkeit erfüllte den Raum mit Freude, die nicht unangebracht war, sondern den Nebel um uns herum ein wenig lichtete.

Am Abend fuhren Alex und ich zu zweit noch einmal zu Samuel. Wir weinten, hielten einander fest. Hielten ihn fest und bedeckten sein lebloses Gesicht mit verzweifelten Küssen.

Am nächsten Tag nahmen wir die Kinder wieder mit zu ihm. Ich setzte Samuel die Mütze auf, die ich für ihn gestrickt hatte. Seine Eselspieluhr und der kleine Marienkäfer, den Hannah ihm mal mitgebracht hatte, lagen neben ihm. Die Schwestern hatten einen Fußabdruck für uns gemacht. Das war so lieb! Erinnerungen sind so wichtig für uns. Dann die letzten Fotos. Die letzten Küsse. Alex und ich wollten nicht aus dem Raum gehen. Wieder nahmen wir uns einzeln Zeit, um uns zu verabschieden, aber es war so unglaublich schwer. Nur noch fünf Minuten. Und dann noch mal fünf. Aber das Wissen, dass es nur eine Hülle war und der richtige Samuel auf Gottes Schoß saß, half uns schließlich, dann doch irgendwann den Schritt aus der Tür zu gehen.

Es gibt ein Leben zwischen Beerdigung und Wasserschlacht

3. August 2013

Vater, was soll ich beten? Mir fehlen die Worte, um meine Gefühle auszudrücken. Die Ungewissheit ist vorbei. Samuel ist zu dir geflogen, in sein richtiges Zuhause. Ich weiß nicht, was ich schreiben soll. Dass ich ihn vermisse, klingt so unwürdig, viel zu klein für das, was ich eigentlich empfinde. Ob ich ihm und uns einen anderen Abschied gewünscht hätte? Es fällt mir schwer, über diesen Gedanken nicht zu verzweifeln. Aber ich drücke mich noch davor, mich damit auseinanderzusetzen. 54 Tage lang durften wir ihn kennenlernen und genießen. Ihm Liebe schenken, die aber auch jetzt kein Stück kleiner geworden ist. Das wird sie nie.

Hannah und Ben – und die Tatsache, dass wir ein Stück weit vorbereitet waren, auch wenn wir es jetzt nicht erwartet hatten, helfen uns, weiterzumachen, zu lachen und nach vorne zu blicken. Und ganz besonders fühlen wir uns von dir getragen. Wir wissen nicht, was wir beten sollen. Aber andere tun es für uns. Trotzdem weiß ich gerade nicht, wie ich jemals wieder ... Alles hat sich verändert! Samuel hat ein großes Stück meines Herzens mitgenommen. Die Wunde tut so weh. Aber er hat mir auch so viel gegeben. Vielleicht wird es ja ähnlich wie mit der Kaiserschnittnarbe. Jetzt finde ich sie richtig schön, auch wenn sie mir viele Schmerzen bereitet hat. Sie wird mich immer an meinen Samuel erinnern und ich freue mich über sie. Aber ich kann mir gerade nicht vorstellen, wie die Wunde meines Herzens heilen soll. Er fehlt mir so sehr! Am liebsten würde ich mit Alex, Ben und Hannah direkt hinter ihm her fliegen.

Ich bin so stolz und dankbar, seine Mama zu sein. Das werde ich immer bleiben.

Wir waren ohnmächtig und verzweifelt. Doch zwischen den Heulkrämpfen begann ich, Eulen für Ben und Hannah zu nähen. Ich weiß nicht mehr, wie sie darauf kamen, aber sie hatten sich plötzlich Eulen gewünscht. Nun hatte ich Zeit. Und die musste ich irgendwie füllen. Ich nähte Eulen, während die Vorbereitungen für Samuels Beerdigung liefen.

An einem Nachmittag gingen wir zusammen in den Garten unseres Mehrfamilienhauses. Es war niemand draußen außer uns. Die Augustsonne schien mit ganzer Kraft auf uns herab und so beschlossen wir, eine Wasserschlacht zu machen. Wir jagten uns über die Wiese. Wir lachten und waren glücklich. Sobald ich mich setzte, begann ich wieder zu weinen. Pures Glück neben tiefster Trauer. Ja, so war das.

Grün passt besser als schwarz

So sehr wir auch versuchten, nicht an eine Beerdigung zu denken, während unser Samuel noch bei uns war: Die Gedanken kamen trotzdem immer wieder. Daher hatten wir schon einige Ideen für die Gestaltung des Abschieds. Aber es war so irreal, tatsächlich zum Bestatter zu gehen und einen Sarg auszusuchen. Am liebsten hätten wir einen weißen Korb genommen, aber den gab es dort nicht. Heute frage ich mich, warum wir den erstbesten Bestatter aufgesucht haben. Wir haben uns überhaupt nicht wirklich informiert. Aber wie hätten wir in unserer Ohnmacht daran denken sollen?

Also entschieden wir uns für einen weißen Holzsarg. Wir kontaktierten unseren Pastor Gerry Wiebe und trafen uns mit ihm, um den Ablauf der Beerdigung zu besprechen. Wir bestellten Blumen. Und nahmen noch drei kleine Vögelchen für die Dekoration mit, die die Floristin uns schenkte. Unsere Freunde kümmerten sich um die Luftballons, unsere Gemeinde organisierte das Essen. Wir suchten jemanden für die Musik. Wir kauften Alex ein grünes Hemd. Alles wie im Nebel. Der Verkäufer, der Alex beraten hat, hatte keine Ahnung, zu welchem Anlass wir es brauchten. Wir hatten nichts anderes mehr im Sinn als den beinahe unerträglichen Gedanken, dass wir jetzt ohne Samuel weiterleben mussten.

Die Tage zwischen Samuels Tod und seiner Beerdigung – und weit darüber hinaus – lebten wir in einer dunklen Wolke. Sie war dichter und schwerer als die Wolke, die wir schon kannten. Sie lähmte uns. Dennoch genossen wir es, Zeit mit den Großen zu verbringen, aber ich lag auch viel im Bett, mit feuchten Taschentüchern in der Hand. Und wenn ich gerade keins da hatte, brachte Hannah mir eins und wischte mir damit die Tränen von der Wange. Noch Monate später schaute sie mir immer wieder fest in die Augen, um zu erkennen, ob ich weinte oder nicht, ob ich ihren Trost brauchte oder ob es mir gut ging. Dieses kleine zweijährige Mädchen wusste immer ganz genau, wie es mir ging. Sie legte sich zu mir ins Bett, umarmte mich und sagte: „Ich bin ja da, Mami!" Das brachte mich dann umso mehr zum Weinen. Ich nenne sie hier zwar unsere Großen, aber eigentlich waren sie ja noch kleine Kinder, die ausgelassen und fröhlich spielen sollten, statt sich um die weinende Mama zu kümmern.

Zwei Tage vor der Beerdigung konnte ich nicht länger leugnen, dass der Tag kurz bevorstand. Ich hatte immer noch keine Rede geschrieben. Ich konnte mich nur darauf konzentrieren, mich irgendwie auf den Beinen zu halten. Der Montag war wirklich schlimm. Mir war schwindelig, ich zitterte vor Angst. Wie sollte es erst am Mittwoch auf der Beerdigung werden? Ich würde sicher zusammenbrechen … Aber ich wollte so gerne meine Rede selbst vorlesen, die ich noch schreiben musste.

6. August 2013

Ich kann mir noch gar nicht vorstellen, wie alles werden wird. Bin froh, wenn der Tag vorbei ist. Aber ich weiß nicht, wie das Leben ohne Samuel weitergehen soll. Er fehlt überall. Selbst am Esstisch, obwohl er noch nicht einmal zu Hause war. Ich will ihn so gerne wieder halten und küssen und ihm sagen, wie sehr ich ihn liebe. Jesus, würdest du das bitte für mich tun?

Wir wollten Samuels Leben feiern, darum beschlossen wir, auf seiner Beerdigung grün und nicht schwarz zu tragen. Grün ist Samuels Farbe. Nicht so sehr, weil es die Farbe der Hoffnung ist, sondern weil es sich so ergeben hatte – mein grünes Kleid, das ich während seiner Schwangerschaft gekauft hatte, die Spieluhr …

Der Tag, vor dem ich mich so gefürchtet hatte, war gekommen. Doch ich war überraschenderweise ruhig und gefasst. Wir hatten dafür gebetet, aber richtig vorstellen konnte ich mir nicht, dass ich nicht die ganze Zeit heulend und schluchzend dasitzen oder zusammenbrechen würde. Doch wieder einmal hatte Gott uns seine Kraft geschenkt. Wir fühlten uns wie auf Flügeln getragen, so wie er es versprochen hat: „Doch die, die auf den Herrn warten, gewinnen neue Kraft. Sie schwingen sich nach oben wie die Adler. Sie laufen schnell, ohne zu ermüden. Sie werden gehen und werden nicht matt" (Jesaja 40,31; NL).

In der Gemeinde angekommen, lenkten wir uns noch damit ab, die letzten Details zu klären und an der Dekoration herumzuzupfen. Ich machte Fotos. Alles nur, um nicht darüber nachdenken zu müssen, wie klein dieser weiße Sarg da vorne war. Er war so klein! Zu klein. Nicht, dass unser Baby einen größeren gebraucht hätte. Einmal mehr wurde uns vor Augen geführt, was uns genommen wurde; was wir alles nicht erleben würden.

Und der Sarg war geschlossen. Wir haben gar nicht viel darüber nachgedacht, ihn offen stehen zu lassen. Im Nachhinein hätte ich gerne noch einmal hineingesehen, wie er mit seinem Schlafanzug, den ich in der Frühchenabteilung gekauft hatte, und dem Bärchi neben sich, den ich für ihn genäht hatte, eingekuschelt war. Inzwischen weiß ich, dass es auch die Möglichkeit gibt, das verstorbene Kind selbst in den Sarg zu legen und diesen zu bemalen. Aber unsere Geschichte war nun einmal so. Dass andere ihn noch einmal sehen wollten, war mir ehrlich gesagt nicht bewusst. Aber ich wollte auch nicht, dass man ihn so sah. Denn er sah ganz anders aus. Ich wollte, dass man ihn so in Erinnerung behielt, wie man ihn von den Fotos her kannte. Der Gedanke, den Sarg zu öffnen, war zu schwer für mich.

Es waren viele Menschen gekommen, obwohl kaum einer von ihnen Samuel jemals persönlich kennengelernt hatte. Als uns klar geworden war, dass wir unser Baby so früh hergeben müssten, stand für uns fest, dass wir eine Beerdigung in engstem Rahmen feiern würden. Doch die Unterstützung unserer Gemeinde und die Ermutigung, die wir durch unseren Blog erfahren haben, machte uns deutlich, dass wir diese Feier von Samuels Leben für alle öffnen wollten – und waren froh über jeden Einzelnen, der gekommen war. Es hat uns getröstet zu sehen, dass unser kleiner Junge so viele Menschen berührt hat und dass er auch ihnen etwas bedeutet hatte.

Viele kamen in grün. Das hat uns sehr gefreut. Es waren viele Kinder da, und auch das war wundervoll. Samuel hatte nicht nur den Blick unserer Kinder auf den Himmel gerichtet, sondern auch den vieler anderer. Ich denke, Kinder sollten nicht in Unwissenheit oder Angst vor dem Tod aufwachsen. Sie sind in der Lage, eine natürliche Beziehung zu diesem Thema aufzubauen.

Samuel hat seinen Auftrag erfüllt

Wir sangen. Loblieder. Und wir schauten uns ein Video mit Bildern von Samuel an. Dann gingen Alex, Ben, Hannah und ich nach vorne. Der Papa erzählte von den vielen besonderen Momenten, die wir in den vergangenen Wochen mit Samuel erlebt hatten. Dann las ich meine Rede vor.

Mein kleiner Samuel

Als Gott Samuel schuf, ist ihm kein Fehler unterlaufen. Er hat nicht etwa ein Chromosom an der 18. Stelle vergessen, sondern sich gedacht: „Mein kleiner Liebling, dir gebe ich ein Extra-Chromosom, um zu Menschen zu sprechen, sie zu berühren und ihnen zu zeigen, wie wunderbar ich bin." Gott hatte für unseren kleinen Mann einen ganz besonderen Auftrag, und den hat er innerhalb von 54 Tagen bereits ausgeführt.

Sein Auftrag war: „Lass dich lieben." Samuel war bei seiner Geburt kleiner als Hannahs Puppen, er konnte nicht einmal alleine atmen. Oft kamen wir uns ziemlich hilflos vor, weil wir nichts für ihn tun konnten. Wir konnten ihn nur lieben. Mir hat jemand gesagt, ein Kind kurz nach der Geburt zu verlieren, wäre die größte Liebesaufforderung, weil man Liebe gibt und nichts zurückbekommt. Doch das stimmt so nicht. Samuel zu lieben, Stunden lang mit ihm dazusitzen und ihn zu halten, ihn zu küssen, hat mir unbeschreiblich viel gegeben. Es hat mich verändert. Samuel hat mich zur Ruhe kommen lassen und meinen Blick wieder auf die wesentlichen Dinge gelenkt – weg von meinen To-dos und Terminen, weg von meinen selbsterdachten Träumen. Es geht im Leben nicht darum, dass alles so kommt, wie ich es möchte, und alle meine Wünsche in Erfüllung gehen. Samuel hat mich gelehrt, mich an dem zu freuen, was ich heute habe, wo ich heute bin. Denn das Heute ist Gottes Geschenk für mich. Morgen kommt ein neues.

Samuels Leben war aber nicht nur ein Geschenk für uns. Ich bin überzeugt davon, dass auch er es genossen hat. Den meisten Kindern mit seiner Erkrankung wird es nicht ermöglicht, es auszupacken und die Liebe der Eltern zu kosten. Samuels Leben war nicht frei von Leid, aber ich glaube, er hatte auch sehr viele schöne Momente, besonders das Kuscheln mit Papi und Mami.

Und so paradox es auch klingen mag: Samuels Krankheit hat mein Vertrauen in Gottes Treue und seine Souveränität nur gestärkt. Seine Nähe in diesen schwersten Stunden meines Lebens zu spüren, ist eine Erfahrung, die ich nicht missen möchte. Auch wenn ich wünschte, unser kleiner Vogel wäre noch nicht davongeflogen, bin ich doch dankbar, dass Gott uns diese intensiven Momente geschenkt hat.

Samuel hat seinen Auftrag ausgeführt. Er hat Menschen berührt und ermutigt. Er hinterlässt ein unbezahlbares Erbe hier auf Erden, denn er hat unseren Blick auf den Himmel gelenkt. Er hat ein großes Stück meines Herzens dorthin mitgenommen und jetzt freue ich mich noch mehr darauf.

Für jedes unserer Kinder habe ich eine Strophe zum Lied „Ja, Gott hat alle Kinder lieb" geschrieben. Samuels Strophe lautet so:

„Ich bin der kleine Samuel und sitz auf Gottes Schoß.
Mir geht's jetzt gut, ich bin zuhaus' und warte hier auf euch."

„Lass dich lieben", lautete sein Auftrag. Samuel zu lie-
ben bedeutet für uns, ihn loszulassen und uns für ihn zu
freuen, dass er jetzt am schönsten Ort sein kann – gesund
und glücklich. Wie sehr er uns fehlt, wird uns jeden Tag
mehr bewusst, doch bald sehen wir ihn wieder.

Mit weinerlicher Stimme und zitternden Knien haben wir es beide geschafft vorzulesen, was uns auf dem Herzen lag. In Jeremia 1,5 sagt Gott zu dem Propheten: „Ich kannte dich schon, bevor ich dich im Leib deiner Mutter geformt habe. Schon vor deiner Geburt habe ich dich dazu bestimmt, dass du den Völkern meine Botschaften überbringst" (NL). Gott wusste sehr genau, was er mit Samuel vorhatte. Er hatte auch mein kleines Baby berufen.

Jeder Mensch hat einen Auftrag; niemand lebt, ohne dass er etwas bewirken oder verändern könnte. Ich glaube daran, dass Gott in jeden Menschen etwas hineinlegt, was ganz wertvoll für diese Welt ist. Selbst die Allerkleinsten unter uns haben diesen Auftrag, auch wenn sie ihn nicht bewusst ausführen können. Allein unser Dasein bringt eine Veränderung mit sich, hat einen Sinn.

Schließlich ging unser Pastor nach vorn. Er hatte eine Figur mitgebracht: eine Hand, in die sich ein Kind hineinschmiegt. Vielen Dank für deine tröstenden Worte, Gerry:

„Liebe Regina, lieber Alex,

Samuel – „von Gott erbeten" – ist euch geschenkt
worden. Er durfte leben. 54 Tage lang. Ein besonderes

Geschenk für euch, habt ihr gesagt. „Unser kleines großes Wunder" habt ihr ihn genannt. „Senkrechtstarter" wurde er in der Klinik liebevoll genannt. Ein tapferer kleiner Kerl. Es ist kein leichter Weg, der euch heute bevorsteht. Es ist ein Weg, den man niemandem wünscht. Ihr seid diesen Weg bisher mit großer Zuversicht und starkem Glauben gegangen. Ihr habt uns teilhaben lassen an dem, was euch bewegt, was in euch vorgeht und was ihr mit Samuel und Gott in dieser Zeit erlebt habt. Eure Internetseite www. unser-wunder.de hat viele Reaktionen hervorgerufen und zahlreiche Herzen berührt. Viele haben mit euch gebangt und gebetet; haben sich mit euch über kleine Fortschritte gefreut und mit euch geweint. Und heute sind wir hier, um mit euch gemeinsam Samuels Leben zu feiern und „Auf Wiedersehen!" zu sagen.

(...)

Der Abschied macht traurig, weil Samuel nicht mehr in euren Händen ist. Der Abschied gibt aber auch Hoffnung, weil er in den besten Händen ist, die es gibt. Er ist in Gottes Hand. Er ist rundum und vollkommen geborgen. Er ist „am schönsten Ort", so hat Regina es ausgedrückt.

Und eines Tages werdet ihr Samuel wiedersehen – in Gottes Herrlichkeit. Samuel hat dort viele Spielkameraden und wartet schon auf euch. Deshalb sagen wir „Auf Wiedersehen!" Samuel hat sein Leben vollendet. Er hat alles ausgeführt, was Gott durch ihn auf dieser Erde und in eurem Leben bewegen wollte.

Doch auch wenn man weiß, dass es ein Wiedersehen geben wird, macht ein Abschied traurig, denn nur allzu *schnell ist die Zeit verflogen. Gerne hättet ihr ihn länger bei euch behalten. Trauer darf sein und muss sogar sein. Denn sonst können unsere Wunden nicht heilen.*

Entscheidend ist, dass wir wissen, wer uns in unserer Trauer trösten kann. Deshalb soll euch diese Figur an Samuel erinnern, und daran, wo er sich befindet: in Gottes Hand.

Aber nicht nur das. Diese Figur soll euch auch daran erinnern, dass ihr selbst Kinder seid, die sich in Gottes Hand geborgen wissen dürfen. Er hält seine Hand von allen Seiten um euch und ihr könnt nie tiefer fallen, als in Gottes Hand. In seiner Hand findet ihr den Trost, den ihr braucht. Seine Hand verbindet eure Wunden und lenkt euren Blick immer wieder auf das Wesentliche und auf die Dankbarkeit. Amen."

Nach dem Gottesdienst wurde der kleine Sarg hinausgetragen. Wir hatten Alex' Brüder und unsere Schwager darum gebeten. Beim Rausgehen habe ich zwei Ärzte aus der Kinderklinik entdeckt, und freute mich auch über die vielen anderen Menschen, die gekommen waren.

Wir fuhren zum Friedhof. Die Bestatter fuhr einen Umweg, weil sie sich nicht auskannten, und hatten sich dann beeilt, am Grab die letzten Vorbereitungen zu treffen. Am Ende hat dann einer von ihnen den Sarg allein zum Grab getragen, während wir mit all den Gästen eine ganze Weile gewartet haben. Das war sehr schade, aber vor allem tat es mir weh zu sehen, wie unachtsam der Bestatter mit dem kleinen Sarg war. Nicht, dass er unvorsichtig war, aber der Respekt und die Würde haben mir gefehlt. Es kommt eben doch so oft auf die Kleinigkeiten an.

Während wir noch warteten, die Luftballons waren bereits verteilt, fragte ein Freund von Ben ihn „Ben, du hast coole Schuhe. Sind das Nikes?" – „Nein, die sind von Fila." Die Kinder haben es doch immer wieder geschafft, uns ein Lächeln auf die Lippen zu zaubern, selbst in den scheinbar unmöglichsten Situationen.

Schließlich zogen wir an die Stelle, die zu klein für einen Erwachsenen gewesen wäre. Das kleine Grab liegt direkt am Zaun, der an einen Kindergarten grenzt. Es ist ein schöner Ort. Für so einen Ort.

Ich kann mich nicht mehr daran erinnern, was unser Pastor noch alles sagte. Ich starrte auf diesen kleinen weißen Sarg, der irgendwann langsam in das Loch in der Erde hinabgelassen wurde. Die ganze Zeit über hielt ich mich an Alex fest. Es flogen 54 grüne, gelbe und weiße Luftballons in den Himmel. Wir warfen Blüten und Erde auf den Sarg; die Kinder hatten noch ein letztes Geschenk für ihren kleinen Bruder, das sie in das Loch warfen. Schließlich zog der lange Zug der Gäste an uns vorüber. Liebe Worte, feste Umarmungen, mitfühlende Tränen.

Während die Gäste dann zum „Haus Wittgenstein" weiterfuhren, stellten wir uns als Familie noch einmal an das Loch in der Erde und sahen auf diesen kleinen, weißen Sarg, der von Rosenblättern und Erde bedeckt war. Es war real. Ich konnte es nicht aufhalten.

Wir hatten den Friedhof noch nicht ganz verlassen, da kam der Mann, der gleich das Grab unseres Sohnes zuschütten würde. Er hatte seine Tochter dabei, mit der er fröhlich plauderte. Ich fand das schön, ganz und gar nicht unangebracht. Dieses Mädchen lernte schon früh, dass es den Tod gibt und dass er zum Leben dazugehört.

Ganz liebe Menschen aus unserer Gemeinde hatten sich um belegte Brötchen und Kaffee gekümmert, um die Gäste zu versorgen. Das „Haus Wittgenstein" war für uns ein sehr vertrauter Ort. Hier, am Bibelseminar Bonn, hatte ich fünf Jahre lang studiert, ein Jahr davon war auch Alex dort, bevor er sein Lehramtsstudium begann. Hier hatten wir gelernt, gesungen, gefeiert – und nun richteten wir hier die Feier für unseren kleinen Vogel aus.

Es war ein sonniger Tag, die Kinder rannten umher und spielten, während wir Erwachsenen uns unterhielten. Die Stimmung war nicht gedrückt, soweit ich das wahrnahm. Wir fühlten uns wohl im Kreis dieser Menschen, und es war wirklich so, wie unser Pastor sagte: Mit dem Essen nach der Beerdigung helfen die Gäste der trauernden Familie zurück ins Leben.

Als meine Eltern und Schwestern sich verabschiedeten, sah ich, wie blass mein Vater war. Ihm ging es überhaupt nicht gut. Ich denke, die Beerdigung hat ihn sehr an den Tod meiner Schwester erinnert. Man kann den Tod seines Kindes nun einmal nicht überwinden, das war mir damals schon klar.

Nach einiger Zeit fuhren auch wir los – zurück zum Friedhof. Es lag ein Berg Erde auf dem kleinen Grab. Der kleine, weiße Sarg war darunter verschwunden. Wir würden ihn nie wieder sehen. Doch unserem Samuel sagten wir: „Bis bald, kleiner Vogel."

Wir hatten das Gefühl, dass unser neues Leben nun losging. Es gab ein Leben vor Samuel, eins mit ihm und nun begann unser Leben ohne ihn. Mit der Freude auf ein Wiedersehen.

Meine Arme schmerzen vor Leere

10. August 2013

Mein Vater, meine Hände fühlen sich so leer an. Mein Baby sollte doch darin liegen. Stundenlang wollte ich meinen kleinen Samuel halten, wiegen, für ihn singen. Hört er mich? Sieht er mich? Fühlt er meine Liebe? Er fehlt mir so unbeschreiblich.

Zwei Tage vor der Beerdigung dachte ich, ich breche zusammen. Der Tag war dann doch ganz gut. Seitdem bin ich einfach müde. Ich habe schreckliche Kopfschmerzen und einen starken Druck auf den Augen. Ich bin so müde, zu müde zum Nachdenken. Manchmal kribbelt es in meinem Bauch, manchmal in meinem ganzen Körper. Ich fühle mich schwach. Meine Hände sind leer. Mein Baby ist fort. Und ich habe keine Kraft mehr. Wenn ich am Grab stehe oder sitze, fließen die Tränen endlich und der Druck in meinem Kopf wird weniger. Ich sollte nicht versuchen, die Starke zu spielen, hat Uschi gesagt. Ich meinte, das könnte ich auch gar nicht. Vielleicht versuche ich es unbewusst aber doch? Ich will weinen und schreiben, aber ich kann nicht. Es kommt nichts aus mir heraus. Ich bin nur müde. Mein Körper trauert, mein Kopf ist leer. Ich freue mich über die Erinnerungen, versuche das Heute zu genießen und blicke zuversichtlich in die Zukunft. Und dann, von einem Moment auf den anderen, überfällt mich Verzweiflung und mir wird die Schwere meines Verlustes bewusst.

Ich weiß, mein kleiner Junge ist jetzt bei dir im Himmel und es geht ihm gut. Aber die Bilder von seinem Sterben schieben manchmal die schönen Erinnerungen an unsere Kuschelzeiten beiseite, und es überfällt mich ein tiefer Schmerz. Ich habe seine Hand losgelassen.

Weiß er, dass ich ihn liebe? Bitte gib Samuel einen Kuss von mir und sag ihm, dass ich ihn liebe und vermisse. Ich freue mich jetzt so sehr auf den Himmel!

Wenn ich meine Tagebucheinträge lese, fällt mir auf, dass ich sehr oft geschrieben habe, dass ich Kopfschmerzen hatte und dass meine Arme wehtaten. Ich habe den Schmerz physisch dort gespürt, wo Samuel hätte sein sollen; wo er lag, als wir glücklich waren. Meine Arme brannten vor Leere, und dieses Gefühl hielt mehrere Wochen, ja, sogar Monate, an. Mit der Zeit wurden die Schmerzen schwächer, die Intervalle größer. Doch es gibt Momente, in denen ich sie immer noch spüre.

Wir sind noch hier

Einige Tage nach der Beerdigung sind wir mit unseren Freunden Amy und Andy und ihren drei Jungs nach Holland gefahren. Nicht um abzuschalten – wie hätte das gehen sollen? –, sondern um Zeit mit Ben und Hannah zu verbringen, fernab des Chaos, das zu Hause herrschte, weil wir uns nicht aufraffen konnten, „normale" Dinge zu tun. Kochen ging noch irgendwie, meistens. Aber abwaschen? Saugen? Das überforderte uns.

Doch als es so weit war, wollten wir beide, Alex und ich, gar nicht weg von Zuhause. Bisher waren wir jeden Tag mindestens einmal an Samuels Grab gewesen, entweder alle zusammen, zu zweit oder jeder für sich. Ich brauchte das. Ich musste dahin, wo wenigstens noch etwas von Samuel war.

Trotzdem fuhren wir los und versuchten, uns von der Vorfreude der Kinder mitreißen zu lassen. Tatsächlich hatten wir dann eine schöne, teils unbeschwerte Zeit. Endlich konnten wir den ganzen Tag zusammen sein und spielen, ganz viel spielen. Schwimmen, schaukeln, Trampolin springen. Ich habe es genossen, Ben und Hannah zu beobachten. Wir hatten schon seit Beginn unseres Elterndaseins jeden Abend im Bett gelegen und von unseren Kindern geschwärmt. Jetzt konnten wir gar nicht mehr damit aufhören. Inzwischen will der Alltag uns die Faszination rauben, aber wir wollen sie aufrechterhalten und nie wieder verlieren. Wenn Trotzphasen oder schlechte Nächte die Beschwerden nähren, dann erinnere ich mich an die Zeit mit Samuel zurück, und dann weiß ich wieder, was wichtig ist.

Der Urlaub war eine willkommene Ablenkung von der schmerzhaften Realität. Wir atmeten tief durch, um neue Kraft dafür zu schöpfen, was uns zu Hause erwarten würde: die volle Wucht der Trauer. Die Auszeit tat gut, dennoch vermisste ich unsere Wohnung und Samuels Grab.

Wir unternahmen viel gemeinsam, doch an einem Nachmittag bin ich allein im Haus geblieben, während die anderen ins Schwimmbad gingen. Ich sehnte mich danach, allein zu sein, und schließlich brach der Damm und ich konnte mich mal wieder so richtig ausheulen. Wenn ich um mein Baby weinte, flossen mir nicht einfach nur Tränen die Wangen hinunter. Ich heulte, ich schluchzte, mein Körper bebte. All die Vorbereitung auf den Abschied nahm nicht den Schmerz. Es tat so weh.

Meine Hände waren leer, und ich wusste einfach nicht, wie ich das aushalten sollte.

20. August 2013

Mein kleiner Samuel, siehst du mich? Hörst du mich? Weißt du, was ich fühle und was ich denke? Ich will, dass du weißt, dass ich dich unbeschreiblich liebe und mein Herz gebrochen ist, weil du nicht mehr bei mir bist. Leere Hände hast du hinterlassen und trotzdem hast du mir so viel gegeben. Danke, mein kleiner Sohn. Danke, dass du wenigstens kurz bei uns warst. Ich bin so traurig, weil ich noch so vieles mit dir vorhatte. Ich wollte dich aufwachsen sehen, dir Dinge beibringen und vieles mehr. Aber die Erinnerungen, die ich mit dir habe, besonders wie ich dich gehalten habe, geben mir Kraft zu danken. Jeden Augenblick vermisse ich dich! Wie lange dauert es noch, bis wir uns wieder sehen? Ich hoffe, nicht allzu lange.
In Liebe, deine Mama

Ich will zu Hause sein, hier und dort

Direkt im Anschluss an unseren Urlaub besuchten wir Alex' Eltern. In ihrem Garten, zwischen Äpfeln und frischem Gemüse, konnten wir eigentlich immer gut abschalten. Doch ich wollte wieder zu uns nach Hause. Wir wollten alle nach Hause. Meine Schwiegereltern wollten uns etwas Gutes tun, als sie Alex' Geschwister mit ihren Familien zum Grillen einluden. Aber es war zu viel für uns. Zu viele Menschen, zu viel Normalität. Hannah klagte immer wieder über Bauchschmerzen.

In Wahrheit wollte sie sich einfach mit mir in unser Bett legen und kuscheln. Ruhe haben. In unserem Zimmer steht ein Babybett, in dem schon Ben und Hannah geschlafen hatten. Immer wieder ging Hannah zu diesem Bett und sagte: „Und da schläft Samuel." Meine liebe kleine Prinzessin hatte noch nicht begriffen, dass das niemals passieren würde.

25. August 2013

Vater, wir sind jetzt bei Alex' Eltern, aber ich will nach Hause. Ich glaube, das wollen wir alle. Mir ist hier zu viel los. Ich will nach Hause und nach dem Grab sehen. Eine ganze Woche ist es jetzt her, seit wir dort waren und es werden noch zwei Tage mehr. Was ist nur los mit mir? Ich bin echt aufgewühlt. Gestern habe ich angefangen, an Alex herumzunörgeln! Meinem Alex!

Als ich anfing, an Alex herumzunörgeln, begann ich, mir Sorgen um mich zu machen. Herumnörgeln war überhaupt nicht meine Art. Ich fand es schon immer furchtbar, wenn Frauen an ihren Männern ständig etwas auszusetzen hatten. Und nun stand ich in der Gefahr, eine von ihnen zu werden. Das wollte ich auf keinen Fall. Also redeten wir.

Das liebe ich so an unserer Beziehung. Wir reden. Über alles. Da wir vor unserer Hochzeit eine Fernbeziehung führten, lernten wir das Reden. Zuerst durch endlos lange Briefe, dann durch tägliche Telefonate. Alex hörte damals schon an meiner Stimme, wie es mir ging. Er kannte mich gut. Und liebte mich trotzdem. Es tat so gut, mich bei ihm auszuheulen. Seine Arme gaben mir schon immer das Gefühl von Geborgenheit und Zuhause-Sein.

Zuhause. Dorthin fuhren wir bald zurück. In unser Zuhause.

Aber viel größer noch als die Sehnsucht nach unserer vertrauten Umgebung war jetzt die Sehnsucht nach dem Himmel. Ich habe mir so sehr gewünscht, Jesus würde uns alle direkt zu sich holen, damit wir wieder vereint sein könnten. Gleichzeitig wusste ich, dass unser Auftrag noch nicht erfüllt war. Wie viele Jahre würden wir ohne Samuel weiterleben müssen?

Mein Herz ist offen für den Himmel

Ich hatte einige besondere Erlebnisse am Grab. An einem Abend, als ich allein hinfuhr, sah ich einen kleinen Spatz, der um das Grab herumhüpfte. Ein anderes Mal lag eine Vogelfeder auf der frisch aufgeschütteten Erde. Wie kleine Grüße aus dem Himmel. Ich glaube nicht daran, dass Samuel uns tatsächlich Botschaften schickte. Aber wir waren sensibler und aufmerksamer geworden für die kleinen Dinge, besonders, wenn sie mit einem Vogel zu tun hatten. Sobald die Kinder eine Feder gefunden hatten, wurde sie in die Erde des Grabes gesteckt.

Es erschien mir alles so falsch. Man kann doch nicht einfach mein Baby in ein dunkles Loch legen und mit Erde überschütten! Das war nicht richtig. Überhaupt: Die ganze Sache mit dem Tod war nicht richtig. Da stimmte doch etwas nicht! Und dann wurde mir klar: Ja, das ist falsch. Der Tod ist falsch. Wir sind nicht zum Sterben gemacht. Diese Erkenntnis brachte mich meinem Gott näher. Er hat uns das Leben geschenkt.

Dann saß ich am Grab und starrte die ganze Zeit auf die Erde und die Blumen. Ich redete mit Samuel, sagte ihm, wie sehr er mir fehlte und dass ich hoffentlich bald bei ihm sein würde. Plötzlich wurde mir bewusst, dass ich nicht nach unten, sondern nach oben schauen sollte, wenn ich mit ihm rede. Er ist oben. Im Himmel.

Er ist nicht wirklich tot. Er lebt.

Blogpost vom 1. August 2014

Zwischen Himmel und Erde

Der Tag, an dem unser kleiner Vogel davon geflogen ist, ist nun genau ein Jahr her. Die Erinnerungen taten mir anfangs sehr weh, und auch heute denke ich immer noch nicht gern daran zurück, aber dieser Tag hat seinen Schrecken für mich verloren.
Einige Wochen nach Samuels Tod hatte ich plötzlich ein Bild vor Augen, das mich unglaublich getröstet hat. Während ich an der Seite stand und noch nicht ganz begriff, was da gerade mit meinem kleinen Jungen passierte, als die Ärzte versuchten, sein Leben zu retten, öffnete sich der Himmel und streckte seine Arme nach meinem Baby aus. Ich weiß nicht, wann genau sein Geist davonflog, aber ich war in diesem Moment dabei. Und das bedeutet mir unendlich viel.
Ich war dabei, als dieses Wunder geschah, als der Himmel kurz offenstand und meinen kleinen Jungen empfing. Auch wenn ich nicht weiß, wann genau das war: Dieser unglaubliche Moment fand statt. In diesem Moment wichen die Krankheit und der Schmerz von Samuel und

*er bekam einen neuen, vollkommenen Körper. Er sprang
in die Arme Gottes. Er freute sich und jubelte. Das war
ein Moment zwischen Himmel und Erde – und ich durfte
dabei sein, als dieses Wunder geschah.*

*Gerade in den letzten Wochen habe ich mir öfter vorge-
stellt, wie es wäre, wenn Samuel noch am Leben wäre.
Wir waren im Urlaub und er hätte dabei sein sollen. Aber
ich weiß, er möchte nicht zurück, und das hilft mir, ihn
loszulassen und mich mit ihm zu freuen. Ich stelle ihn
mir viel lieber vor, wie er jetzt im Himmel glücklich und
gesund herumläuft, sich an Jesus kuschelt, uns vielleicht
manchmal beobachtet und sagt: „Nicht mehr lange,
dann sind wir wieder alle zusammen!"*

Irgendwann sehen wir ihn wieder, aber wann ist irgendwann? Es
scheint noch Ewigkeiten weg zu sein. Wie viele Jahre noch? Wie
viele? Jeder Tag ist ein Tag weniger. Wenn ich davon schreibe,
dass ich mich auf den Himmel freue, dann meine ich damit
nicht nur das Wiedersehen mit Samuel. Ich werde Jesus in die
Augen sehen. Und dann werde ich wissen, dass ich zu Hause
bin. Dass nun endlich alles gut ist. Das macht den Unterschied.
Ich werde Jesus sehen. Und auch ich werde einen neuen Körper
bekommen und ein neues Zuhause.

Wenn die Sehnsucht besonders groß ist, scheint der Himmel
so weit weg, die Ewigkeit so fern. Doch eigentlich ist sie schon
jetzt da. Die Ewigkeit ist real. Sie beginnt nicht erst mit unserem
letzten Herzschlag. Sie ist im Hier und Jetzt. Gott ist jetzt und
hier gegenwärtig. Schon hier auf der Erde dürfen wir Schönheit,
Frieden und bedingungslose Liebe erfahren. Wenn ich davon

schreibe, dass ich im Jetzt leben möchte, meine ich nicht, dass ich versuchen will, das Glück auf dieser Erde zu finden, weil es sonst zu spät ist. Ich sehe den Himmel vor mir, und weil ich keine Angst vor dem Morgen zu haben brauche, darf ich das Heute als Gottes Geschenk an mich annehmen.

Als das Baby von David, das er mit Batseba hatte, krank war, weinte und kämpfte David um das Leben des Kindes. Doch als es gestorben war, wusch er sich, zog sich um, ging in den Tempel und ließ sich dann etwas zu essen bringen. „Eines Tages werde ich zu ihm gehen, aber es kann nicht zu mir zurückkehren", sagte er (2. Samuel 12,23b; NL). Weil er wusste, dass er seinen Sohn im Himmel wiedersehen würde, konnte er wieder anfangen zu leben.

Es gibt kein Normal mehr

Es ist zu früh für das Leben

Ich wusste noch nicht, dass es kein normales Leben mehr für uns geben würde. Alles, was wir bisher erlebt, gedacht und getan hatten, schien nun banal und unbedeutend. Das war es natürlich nicht, doch in dieser Intensität der Gefühle vergaßen wir schnell, wie es vorher war. Es gab kein sorgloses Herumalbern mehr. Nur noch echtes Lachen aus dem Herzen, in vollem Bewusstsein des Moments. Kein sinnloses Gerede mehr. Nur noch Gedanken, die sich mit der Tiefe des Lebens und des Sterbens beschäftigten. Ich konnte keine Banalitäten ertragen. Bis heute gibt es Situationen, in denen ich es nicht aushalten kann, in einer sinnlosen Unterhaltung festzustecken. Hin und wieder genieße ich es auch, mir mal keine tiefen Gedanken zu machen. Aber es gibt Tage, da geht das einfach nicht. Die Menschen taten mir ein wenig leid, weil sie sich mit so vergänglichen Dingen beschäftigten. Aber vielleicht war auch ein Funke Neid dabei. Unwissenheit ist ja nicht immer schlecht, oder? Zumindest macht sie manches leichter. Ich hätte es gern leichter gehabt.

Am 29. August hatte mein Vater Geburtstag. Und ich hatte es

völlig vergessen! Wir hatten das Gefühl für Zeit verloren. Erst zwei Tage später ist mir bewusst geworden, dass ich ihm nicht gratuliert hatte. Zu dieser Zeit hat mir wohl jeder alles verziehen. Mein Vater erst recht, schließlich kannte er diese Wolke, in der ich festsaß. Doch ich fand es furchtbar, habe mich schrecklich geschämt.

Es gab weitere Anlässe, zu denen wir versuchten, es mit dem Leben aufzunehmen. Genau einen Monat nach Samuels Tod hatte Ben seinen vierten Geburtstag, und der wurde gefeiert. Zu dieser Zeit mochte er Ritter und bekam deshalb von uns eine Ritterburg geschenkt sowie eine Ritterparty mit seinen Freunden. Es war eine schöne, ausgelassene Feier. Die Kinder bemalten ihre Schilde, wir aßen die Burgtorte und dann ging es ab in den Wald, wo schwere Hindernisse überwunden werden mussten. Am Ende wurden alle großen und kleinen Ritter mit einem Schatz belohnt. Die Väter duellierten sich mit Schwert und Schild. Die Kinder aßen Süßes. Und ich machte Fotos. Es war ein wunderschöner Tag.

Als alle gegangen waren, fühlte ich mich merkwürdig. Unruhig. Aber ich wusste nicht, warum. Ich wollte niemanden nah bei mir haben, nicht einmal Alex. Das fand ich furchtbar, aber ich konnte es nicht ändern. Ich zog mich zurück. Samuel hätte mit seinem großen Bruder feiern sollen. Aber er war nicht da.

1. September 2013

Du hättest Samuel gesund machen können und hast es nicht getan. Ich vertraue deiner Weisheit und will deinen Weg gehen. Trotzdem wünschte ich, es hätte einen ande-

ren Weg gegeben und mein Baby läge jetzt in meinen Armen.

Doch jetzt liegt er in deinen Armen, dem besten Ort.

In mir hinterlässt er aber ein riesen Loch. Ich will mein Baby zurück. Einen Monat ist er schon weg. Mir kommt es sogar länger vor.

Diese Gedankensprünge waren typisch für diese Zeit und manchmal erlebe ich sie noch heute. Verzweiflung, Vertrauen, Sehnsucht, Loslassen. Es war die Zerrissenheit zwischen meinem Herzschmerz und meinem Glauben, der durch die vielen Erfahrungen mit Gott wirklich echt war – und mein größter Halt.

Wir hatten uns fest vorgenommen, unserer Gemeinde dafür zu danken, dass sie in der größten Tragödie unseres Lebens für uns da war, für uns gebetet und uns praktisch geholfen hat. Sie hat uns gezeigt, was es heißt, zu Gottes großer Familie zu gehören. Zweimal hatten wir geplant, während des Gottesdienstes nach vorne zu gehen und Danke zu sagen. Aber wir konnten es nicht. Ich konnte es nicht. Ich saß da und fühlte mich schwach, zitterig und schwindelig bei dem Gedanken daran. Also ließen wir es bleiben.

Dann hatte ich überlegt, zu einer Konferenz für Frauen zu fahren, aber bald war mir klar, dass ich das nicht konnte. Nicht nur, dass mich die vielen Menschen erdrückt hätten. Es waren zu viele Menschen, die nichts von Samuel wussten. Zu viele Menschen, für die alles normal war, unverändert, obwohl doch alles anders geworden war. Heute weiß ich, dass jeder seine Geschichte hat, die die anderen nicht sehen. Aber damals schien mir jeder unbeschwert, während ich das Leben kaum aushielt. Am liebsten hätte ich allen von Samuel erzählt. Sie sollten wissen, was für ein besonderer Junge er war. Sie mussten doch erfahren, dass ich drei Kinder hatte und nicht nur zwei.

Trotzdem fiel es mir ungeheuer schwer, es dann wirklich vor jemandem auszusprechen, den ich nicht kannte. Ich versuchte, solche Situationen zu meiden. An einem Nachmittag war ich mit meiner Freundin Marina und unseren Kindern auf dem Spielplatz. Sie traf eine frühere Nachbarin und unterhielt sich mit ihr. Ich blieb so lange entfernt, bis die Frau gegangen war. Wir waren alle Mütter, natürlich würden wir uns über Kinder unterhalten. Ich fürchtete die Frage, wie viele Kinder ich hätte. Was sollte ich darauf antworten? – Zwei? Das war nicht die Wahrheit! Das konnte ich nicht sagen. Aber würde ich es verkraften, die Wahrheit auszusprechen? „Drei Kinder, doch eins davon lebt nicht mehr."? Würden die anderen diese Antwort ertragen? Oder sollte ich einfach „drei" sagen, ohne weitere Erklärungen? Aber würde das nicht einen falschen Eindruck erwecken?

Diese Frage beschäftigte mich lange. Als sich zu Semesterbeginn alle Mitarbeiter des Bibelseminars Bonn den neuen Studenten vorstellten sollten, beschloss ich, dieses Thema auszuklammern. Doch dann wurde extra gesagt, wir sollten auch etwas zu unserer Familie sagen. Also sagte ich es. Ich ratterte es so schnell wie nur möglich runter, schluchzte und setzte mich. Von dem, was die anderen sagten, bekam ich nicht viel mit.

Heute lautet meine Antwort auf die Frage nach der Anzahl meiner Kinder: vier. Ich habe vier Kinder, da inzwischen unsere Emma zu uns gekommen ist. Je nach dem, wem ich das sage und wie stark ich mich fühle, sage ich dazu, dass unser drittes

Kind im Himmel ist. Manchmal warte ich auch ab, ob jemand weiter nachfragt, wie alt sie sind. Manchmal bleibt es einfach so stehen: vier. Das ist die Wahrheit. Nur wenn ich mich gerade über meinen Mama-Alltag unterhalte, und die Frage dann auftaucht, habe ich hin und wieder *drei* gesagt. Aber es fühlte sich nicht richtig an. Also sage ich heute in solchen Situationen, in denen ich nicht die ganze Geschichte erzählen möchte: Ich habe drei Kinder zu Hause. Aber auch dieser Satz fühlt sich nicht vollständig an. Denn ich habe nun einmal vier Kinder.

Mein Körper war mir lange Zeit fremd. Ich hatte zugenommen und schrecklichen Haarausfall. Wie jedes Mal nach einer Schwangerschaft brauchte ich lange, bis ich mich auf Fotos wiedererkannte. Aber sonst hatte ich immer ein Baby auf dem Arm, das die Extra-Kilos erklärte. Jetzt war keins da. Ich war mir fremd. Alles um mich herum war mir fremd, selbst Familie und Freunde. Das ganze Leben schien falsch zu laufen. Das einzig Stabile in dieser Phase waren für mich mein Glaube und meine Beziehung zu meinem Mann und unseren Kindern, obwohl ich mich manchmal von ihnen zurückzog.

Alex sagte, Samuel hätte uns zu besseren Eltern gemacht. Ich wusste, was er meinte. Wir waren achtsamer geworden, nahmen uns mehr und bewusster Zeit für die Kinder. Aber ich fühlte mich dennoch nicht als gute Mutter. Und auch nicht als gute Ehefrau. Weil ich immer wieder Zeiten hatte, in denen ich gereizt war und einfach allein sein wollte. Ich bekam Angst, mich von Alex zu entfernen, weil ich so empfindlich war und mich in vielem gestört fühlte. Ich wollte bei ihm sein, doch irgendetwas hielt mich zurück. Andererseits fiel mir das Alleinsein auch schwer. Ich war aufgewühlt und durcheinander.

Die Wolke schien immer dichter zu werden.

Etwa einen Monat nach Samuels Tod hatten wir einen Tiefpunkt erreicht. Ich hoffte, es würde DER Tiefpunkt sein und nicht noch weiter runtergehen. Den ganzen Tag schon war ich unzufrieden, besonders mit Alex. Ich fand es furchtbar, konnte es aber nicht abschütteln. Abends haben wir dann geredet. Geredet und geredet und geheult. Wir hatten auch vorher schon viel zusammen geweint, doch dieses Mal war es anders: Ich konnte von mir selbst weg und auf Alex sehen. Er war am Ende. So viele Wochen hatte er alles am Laufen gehalten. Davor hatte er monatelang lernen müssen. Jetzt sehnte er sich nach Freiraum, auch mal dem nachzugehen, wonach ihm gerade war, zum Beispiel einem Spaziergang allein – ohne schlechtes Gewissen, weil er mich mit den Kindern allein ließ. Er hatte mir immer meinen Freiraum gegeben, aber ich war blind dafür gewesen, was *er* brauchte.

Dieses Gespräch war heilsam für unsere Beziehung, weil wir gemerkt haben, wie wichtig es war, dass wir beide aussprechen, wie wir uns fühlen und was wir uns wünschen. Es half mir dabei, wieder mehr für meine Familie da zu sein.

5. September 2013

Ich mag mich zurzeit nicht. Ich kann es einerseits kaum ertragen, dass die Uhr weitertickt, andererseits bin ich wieder voll drin in meinem Kalender und To-Do-Denken. Ich sehne mich nach Ruhe, Freiheit, Frieden.
Als wir gestern im Bett lagen und geredet haben, hat mich die Trauer ganz plötzlich dermaßen gepackt, dass

ich laut geheult habe. Das wollte ich schon lange, konnte es aber irgendwie nicht. Manchmal will ich einfach nur schreien. Ich vermisse meinen Samuel so sehr. Doch in Wahrheit war er nie meiner. Weiß er, wie sehr ich ihn liebe? Erzählst du ihm von mir? Ich wünschte, ich hätte mehr für ihn gesungen. Mehr mit ihm geredet und ihm erzählt. Warum habe ich im Krankenhaus so selten mit ihm geredet?

Ich wollte ihn einfach angucken und streicheln.

Es war schön zu sehen, mit welcher Leichtigkeit unsere Kinder über Tod und Himmel sprechen konnten. Etwa einen Monat nach Samuels Beerdigung fragte ein Nachbarsmädchen, wann unser Baby nach Hause kommen würde. Ich sagte, es sei jetzt im Himmel, denn es sei zu krank gewesen. Da sagte Hannah mit ihrer Engelstimme: „Jetzt ist er gesund." Ja, jetzt ging es ihm gut.

Selbst wenn ich gewollt hätte, wäre es nicht möglich gewesen, all meine Tränen vor den Kindern zu verbergen. Doch ich wusste, dass es wichtig für sie war, unsere Trauer zu sehen. An manchen Tagen habe ich kaum aufhören können zu weinen. An einem dieser Tage lag ich auf dem Bett und Hannah suchte nach mir. Sie krabbelte zu mir und fragte mich, warum ich mich hingelegt hätte. „Ich bin traurig, weil ich Samuel so sehr vermisse", antwortete ich. Da legte sie ihren Arm um meinen Hals und drückte ihr Gesicht an meins: „Aber du siehst ihn wieder, wenn wir zum Spielplatz fahren (welcher neben dem Friedhof liegt). Mmmh … meine Mami. Ich bin bei dir." Hannah war zu klein, um alles zu begreifen, was vor sich ging. Aber sie verstand doch so viel mehr. Sie war mir eine gute Trösterin. Sie hat sich liebevoll um mich gekümmert. Doch sollte es nicht andersherum sein?

An einem anderen Abend, die Kinder schliefen schon längst, lag ich wieder auf meinem Bett und bebte vor Trauer. Plötzlich stand Hannah in der Tür. „Ich will mit Mami kuscheln." Ich glaube nicht, dass sie mich gehört hat. Vielleicht haben wir uns gerade gegenseitig gebraucht.

So dankbar wir für die Aufmunterung durch die Kinder waren, wünschten wir uns doch manchmal einfach Ruhe. Wir beschlossen, dass jeder von uns ein Wochenende allein sein sollte, um sich mit seiner Trauer zu befassen. Alex fuhr Mitte September für ein Wochenende in ein Hotel in der Eifel. Er ist viel spazieren gegangen und hat dort auch das Buch „I will carry you" von Angie Smith gelesen, in dem sie über die Schwangerschaft mit ihrer kleinen Audrey und dem Abschied von ihr schreibt.

Es fiel mir nicht leicht, ohne Alex zu Hause zu bleiben. Aber jetzt war er dran. Wir entwickelten mit der Zeit ein Gespür dafür, wer gerade den Halt des anderen brauchte, und so konnten wir einander den Raum für Trauer, Schwäche und Verzweiflung lassen und uns gegenseitig stützen und halten. Ich denke, eine Beziehung verändert sich zwangsläufig, wenn man gemeinsam durch eine Krise geht. Entweder entfernt man sich voneinander oder rückt enger zusammen. Wir haben keine Technik angewandt oder es „richtig" gemacht. Es hat sich so entwickelt. Das war und ist ein Geschenk. Deshalb können wir ehrlich sagen, dass uns diese Zeit noch näher zueinander gebracht hat.

Auf einen guten Tag folgte häufig ein schwerer. Wir wollten zum Flohmarkt nach Bonn. Ich zog mich an und da kam mir der Gedanke: „Wieder ein Tag ohne dich, mein Kleiner." Ich fing an zu weinen und dachte, ich kann nicht leben ohne ihn. Aber ich lebte ja noch. Es ist ein anderes Leben, unvollständig. Doch das erinnert mich immer wieder daran, dass dies hier nicht mein wahres Zuhause ist. Wir sind für die Ewigkeit bestimmt.

Trauer muss sich entladen

Ich fühlte mich so oft verloren im Chaos meiner Gedanken und Gefühle. Ich war müde und träge, hatte Kopf- und Magenschmerzen. Mein Kopf war voll und leer zugleich. So brachten wir auch den Oktober irgendwie hinter uns.

Anfang November hatte ich mit meinem Team von *lily white,* unserer christlichen Initiative für Mädchen und Frauen, eine Schulung organisiert. Beflügelt von der innigen Gemeinschaft und der Leidenschaft, die mich neu gepackt hatte, stürzte ich mich nach diesem Wochenende mit Elan in unser Familienleben, während für Alex die Zeit des Referendariats begann.

Ich hatte Listen und tolle Pläne, aber keine Kraft, keine Ausdauer und oft auch keine Motivation. Deshalb hielt die neue Ordnung unseres Alltags nicht lange an. Das Chaos, meine Emotionen nahmen wieder Überhand. Ich wollte einfach nur allein sein. Wenn Alex merkte, dass es gar nicht mehr ging, schaffte er es immer wieder, mir diese Zeit zu ermöglichen. Er kennt mich so gut und er weiß, dass ich allein sein muss, um meine Gedanken zu sortieren und mich auszuruhen, bevor ich mich ihm mitteilen kann.

In dieser Zeit bekamen wir eine Einladung vom Kinderkrankenhaus. Oben stand dieses wunderschöne Zitat: „Jedes Leben ist ein Geschenk. Egal, wie kurz. Egal, wie zerbrechlich. Jedes

Leben ist ein Geschenk, welches für immer weiterleben wird. In unseren Herzen" (Hannah Lothrop). Am 18. November fand eine Gedenkfeier für all die Kinder statt, die in diesem Jahr in der Kinderklinik verstorben waren. Als wir dort waren, saßen bereits viele andere Eltern, von denen wir keine kannten, in einem großen Kreis. Wir erkannten jedoch einige der Ärzte und Schwestern wieder.

Die Atmosphäre brachte mich schnell zum Weinen. Nicht, dass es eine bedrückende Stimmung war – ich empfand sie eher als ehrfürchtig, und das tat mir gut. Wir sangen zusammen, hörten tröstende Worte. Und dann durften wir im Gedenken an unser Kind eine Kerze anzünden. Im Anschluss gab es Kaffee und Kuchen und wir konnten uns mit einigen Ärzten unterhalten.

Alex hatte vor, abends noch wegzufahren, aber als wir zu Hause waren, konnte ich nicht mehr. Ich habe so geheult, wie schon lange nicht mehr. Ich habe nach Wochen endlich wieder alles rausgelassen. Hannah hat „auf mich aufgepasst", mich getröstet, geküsst.

Ich habe die Truhe durchgesehen, die wir für all die Erinnerungsstücke gekauft hatten, habe die Karten gelesen. Und dann habe ich endlich einen Rahmen mit Erinnerungen gestaltet: Ultraschallbild, Schnullerkette mit seinem Namen, Body mit seinem S drauf, die von mir gestrickte Mütze, einige Karten, seine Versichertenkarte. Für die beiden Großen habe ich das später auch gemacht. Es tat gut, mich mit Samuel zu beschäftigen. Deshalb hilft mir auch das Schreiben so sehr. Es war wieder an der Zeit, dass ich mir bewusst Zeit zum Trauern nahm. Wir haben schnell gemerkt, dass wir uns diese Zeiten einräumen mussten, wenn wir nicht wollten, dass wir uns zu sehr ablenkten.

Arne Kopfermann schreibt in seinem Buch über den Tod seiner Tochter: „Wenn man seine Trauer in sich vergräbt, mit anderen Dingen überdeckt und so tut, als sei sie nicht da, kann man diesen Trost nicht erleben. Wenn man eine Wunde hat, kann man sie auch nicht einfach bluten lassen oder lediglich verbinden. Man muss sie zuerst auswaschen und desinfizieren, damit sie sich nicht entzündet. Diese Funktion nimmt die Trauer bei unseren seelischen Wunden ein."[10]

Es braucht Mut, sich seinen Gefühlen zu stellen, der Trauer Ausdruck zu verleihen. Wir brauchen Wege, Orte, Rituale, die unseren Gefühlen Raum geben.

Wir wollten uns mutig unserem Schmerz stellen, aber es tat furchtbar weh.

Ich darf wütend sein

Ich lebte in ständiger Anspannung. Das machte mir mein Körper ganz deutlich. Aber das Schlimmste war, dass ich ausgerastet bin. Ich habe Ben angeschrien, und zwar aus voller Kehle. Das war mir vorher noch nie passiert. Ein anderes Mal hatte ich mit der Hand auf den Tisch gehauen, und zwar so laut, dass Ben anfing zu weinen. Die Kinder waren mit der Zeit recht ausgeglichen geworden, doch plötzlich schien Ben auf nichts zu hören, was ich ihm sagte. Das machte mich rasend. Ich fragte mich, ob es an meiner Anspannung lag und daran, dass unser Alltag nach dem guten Start wieder in Chaos ausgebrochen war. Denn obwohl wir mit der Zeit wieder Routine in unseren Alltag

---

10 Arne Kopfermann, Mitten aus dem Leben: Wenn ein Sturm deine Welt aus den Angeln hebt, Asslar: Gerth Medien 2017, S. 196.

gebracht hatten, kippte alles irgendwann wieder. Es herrschte Unordnung in der Wohnung, in unseren Tagesabläufen, überall.

Wenn jemand fragte, wie es mir ging, sagte ich manchmal „gut", oft aber „okay" oder „na ja". Doch ich sagte nie, dass es mir dreckig geht. Manchmal machte mich diese Frage richtig wütend. Dabei wusste ich, dass es oft ehrliches Interesse und lieb gemeint war. Die Wahrheit war: Ich sehnte mich so sehr nach Ruhe. Diesen Wunsch habe ich unzählige Male in meinem Gebetstagebuch aufgeschrieben. Immer wieder flehte ich um Ruhe in mir. Doch zu dieser Zeit tobte es.

Was ich nicht wusste, war, dass Gott meiner Seelsorgerin Uschi genau zu dieser Zeit wichtig gemacht hatte, intensiv für mich zu beten. Das erzählte sie mir, als ich Anfang Dezember bei ihr war. Ich hatte den Termin gemacht, weil ich mich selbst nicht mehr verstand und mich einfach schrecklich fand. Ich wollte nicht so sein, wie ich mich gerade verhielt. Und tatsächlich hat mir dieses Gespräch die Augen dafür geöffnet, was wirklich mit mir los war. Und die Wut war weg. Einfach weg.

Ich hatte endlich erkannt, dass ich meine Wut auf Gott auf meine Kinder projiziert hatte, wenn sie nicht auf mich hörten. Gott hatte nicht auf mich gehört, als ich ihn bat, mein Baby gesund zu machen. Er hat auch nicht auf mich gehört, als ich ihm sagte, wie wichtig es mir sei, dass Samuel nach Hause kommt. Ohne dass ich es gemerkt hatte, war eine Wut auf Gott in mir entstanden. Zu erkennen, auf wen ich eigentlich wütend war und warum – und darauf antworten zu können –, hat mir endlich die Ruhe verschafft, nach der ich mich so sehr sehnte. Zumindest vorübergehend war ich ruhiger geworden.

Nach dem Gespräch mit Uschi war mir klar: Ich darf klagen

und jammern und wütend sein. Mehr noch: Wut gehört für viele zum Trauerprozess dazu. Aber wenn ich der Wut zu viel Raum in mir gebe, bleibe ich verschlossen für Gottes Trost. Sicher, dann hätte ich einen Schuldigen gefunden, dann könnte ich all meinen Zorn gegen jemanden richten. Aber damit schließe ich den einzigen aus, der mich wirklich versteht, und der mir hilft, die Last des Leides zu tragen: der, der meine Tränen mit seiner warmen, liebevollen Hand abwischt.

Und ich erkannte auch, dass Schuldgefühle und Selbstvorwürfe genauso fatal sind. Schuldgefühle entstehen aus meiner Unsicherheit, meiner Verlorenheit, meiner Unfähigkeit, etwas an der Situation zu ändern. Wir Mütter wollen unser Kind beschützen, wir würden alles für sein Wohlergehen tun. Wir wollen es versorgen und ihm Geborgenheit schenken. Doch ich konnte nicht verhindern, dass unser Baby in meinem Bauch krank wird, dass es stirbt. Haben meine Bemühungen nicht gereicht?

Gott fürchtet keine negativen Emotionen. Er hält sie aus. Es gibt zwei Klagepsalmen in der Bibel, die nicht wie alle anderen Psalmen mit einer positiven Ausrichtung enden: der Psalm 39 und der Psalm 88. „Du hast mir meine Freunde und Verwandten genommen; alles, was mir jetzt noch bleibt, ist Finsternis" (Psalm 88,19; NL). Damit kann Gott umgehen. Wir brauchen uns da nicht zurückhalten. Das Entscheidende ist, dass wir unsere Gefühle und Gedanken vor ihn bringen. Dass wir mit ihm darüber sprechen.

Als ich Gott sagte, wie ich mich fühlte, und dass ich wütend auf ihn war, war er mir nicht böse. Ich glaube, er hat sich gefreut, dass ich endlich ehrlich war. Ich war wütend über die Tatsache, dass mein Baby nicht mehr bei mir war, aber ich wollte nicht an dieser Wut festhalten, denn ich konnte nicht leugnen, was Gott alles für uns getan hat, wie oft er sich uns gezeigt hat. Ich war ihm so unendlich dankbar für so viele Dinge. Und das stärkte mein Vertrauen in seine Souveränität.

Und als ich nicht beten konnte, reichte mein Seufzen aus. Wenn ich nicht laut gebetet habe, habe ich doch ständig in Gedanken mit Gott gesprochen. Gebetet, gefleht, geklagt und verhandelt. Manchmal war es aber auch ein Schreien und Jammern. Ein Wimmern. Oder Schweigen. Zweifel, Ängste. Das darf alles sein.

Ich lernte zwischen meinem Glauben an Gott und meinen Gefühlen zu unterscheiden. Ich glaubte an Gottes Liebe und Fürsorge, und war dennoch wütend darüber, dass er nicht eingegriffen hat. Ich fühlte mich verlassen, wusste aber, dass er jeden Augenblick bei mir war, erst recht, wenn es mir schlecht ging.

Unser Glaube an Gott macht den Verlust nicht weniger schmerzhaft. Aber in Gott habe ich jemanden, zu dem ich mit all meinen Gefühlen kommen darf. Ich war noch nie so wütend auf Gott. Aber noch nie in meinem Leben habe ich mich so sehr nach ihm gesehnt. Trotz all der Fragen und Enttäuschung wusste ich, dass er der Einzige ist. Der Einzige, der bleibt. Der hält. Den ich brauche.

Ich wand mich im Arm meines himmlischen Vaters. Wut und Verzweiflung versuchten den Schmerz zu unterdrücken. Doch irgendwann gab ich nach. Ich lehnte schluchzend an seiner Brust und ließ den Tränen freien Lauf.

Endlich bin ich da, wo ich hingehöre, an dem einzigen Ort, der mich trösten kann. Ich bin da. Immer wieder.

Ich lerne loszulassen, langsam

Nachdem es mir wieder etwas besser ging, fühlte ich, dass irgendetwas mit mir vor sich ging, konnte es aber nicht benennen. Meine schlimmsten Seiten traten hervor, und das schockierte mich. Aber gleichzeitig merkte ich, dass ein Prozess in mir in Gang kam, der gut war. Es tat weh, aber ich wollte es. Ich wollte es, weil ich wusste, dass ich daran wachsen würde.

Dennoch war der Dezember wieder sehr schwer zu ertragen. Die Vorweihnachtszeit sogar mehr als das Fest selbst. Ich merkte, dass es auch Alex nicht gut ging, und wir versuchten, einander zu stützen und uns Zeit zu geben.

Wir waren in unserem liebsten Hobbymarkt in Bonn. Hier hatten wir kurz nach Samuels Tod einen Stein gefunden, auf dem ein kleiner Vogel sitzt und der seitdem auf seinem Grab einen festen Platz hat. Weihnachtszeit, fröhliche Lieder und funkelnde Lichter. Wahrscheinlich suchten wir nichts Bestimmtes, sondern genossen es einfach nur, durch die Regale mit Bastel- und Handarbeitsutensilien, Spielsachen, Küchenausstattung und Dekoartikeln zu schlendern. Während ich mir die vielen glitzernden und funkelnden Kugeln und Kerzen ansah, überwältigte mich plötzlich die Erkenntnis, dass wir Weihnachten ohne Samuel feiern würden. Mitten in dem bunten, vorweihnachtlichen Treiben wurde ich wieder von meiner dunklen Wolke umhüllt. Es hätte mir doch bewusst sein müssen. Aber das war es nicht.

Was tat ich eigentlich hier? Ich gehörte nicht hierher. Mein Herz pochte viel zu schnell, ich schnappte nach Luft und spürte sie nicht in meinen Lungen ankommen. Ich sah aus wie eine der vielen anderen Kunden. Doch ich fühlte mich allein. Sah nicht, dass um mich herum noch andere Menschen in eine dunkle Wolke gehüllt waren.

Wie hatte ich es nur verdrängen können? Wir werden Weihnachten ohne Samuel feiern müssen. Feiern – wie sollte das überhaupt noch gehen? Im Jahr zuvor war er an Weihnachten bei uns. Klitzeklein und wohl behütet in meinem Bauch. Wir haben darüber geredet, dass er beim nächsten Mal bei uns am Tisch sitzen würde. Doch wir hatten uns geirrt. Er würde nie mit uns am Tisch sitzen. Nicht hier auf der Erde.

Ich kämpfte mit den Tränen und wehrte mich gegen einen Zusammenbruch. Die Tränen bahnten sich ihren Weg. Ich konnte es nicht verhindern, umgeben von fremden Menschen, die sich auf „die schönste Zeit des Jahres" freuten, in Trauer hineinzustürzen.

Wir kauften dann spontan eine wunderschöne Weihnachtskugel mit einem Vogel sowie einen goldenen Glitzervogel für unseren Baum. Der Vogel war unser Symbol für unseren kleinen Sohn geworden. Jedes Bild eines Vogels, jede Feder auf dem Weg waren wie tröstende Küsse auf unseren verweinten Wangen.

Wir brauchen Erinnerungen

Eine Leserin unseres Blogs hatte uns darauf gebracht, eine Holzfigur von Willow Tree als Erinnerung aufzustellen. Wir haben uns schließlich für einen kleinen Jungen mit einem goldenen Herzen entschieden: „Heart of Gold Boy – der Junge mit dem Herz aus Gold". Als wir die Figur auspackten, musste ich heftig weinen. Hannah brachte mir direkt einen kleinen Kuschelhasen als Trost.

Auch Ben bekam eine eigene Figur – „Brothers". Und für Hannah habe ich ein herzförmiges Medaillon gefunden, in das ich Bilder ihrer beiden Brüder gesteckt habe. Alex hatte schon zum Geburtstag von mir ein Lederarmband bekommen, auf dem die Namen unserer Kinder stehen. Und ich hatte mir Ohrringe gekauft: winzig kleine Vögel.

Trotz allem war Weihnachten ein sehr schönes Fest für uns. Wir schenkten den Kindern die Figur und die Kette – und gaben Samuel auch dadurch seinen Platz an unserem Fest. Ich trug mein grünes Kleid, das ich auf Samuels Beerdigung getragen hatte. Im Jahr darauf haben wir die Tradition eingeführt, einen Tannenzweig aus unserem Baum zu schneiden und diesen auf Samuels Grabstein zu legen. So ist einerseits ein Teil unseres Baumes an seinem Grab – auch wenn Samuel nichts davon hat. Aber vor allem sieht man unserem Baum an, dass ihm etwas fehlt, so wie uns. Diese Tradition ist inspiriert worden durch ein Buch über Trauer.[11] Außerdem pflanzen wir nun jedes Jahr ein kleines Tannenbäumchen auf das Grab und behängen es mit Bügelperlenornamenten, die aussehen wie kleine Weihnachtskugeln. Bevor es zum Gottesdienst geht, fahren wir an Heiligabend zum Friedhof und besuchen Samuels Grab.

Weihnachten bleibt dennoch ein Fest der Freude für uns, trotz Schmerz, trotz Verlust. Wir feiern, dass wir etwas empfangen haben – jemanden. Wir sind unendlich beschenkt.

---

11 Anja Wiese, Um Kinder trauern: Eltern und Geschwister begegnen dem Tod, Gütersloh: Gütersloher Verlagshaus 2009, 4. Aufl., S. 93-94.

Neubeginn

Das erste Silvester haben wir gut überstanden. Es hat mir etwas geholfen, das Uschi uns auf einer Karte geschrieben hat: „Es ist kein Entfernen, sondern ein Näherkommen." Wir lassen Samuel nicht im Jahr 2013 zurück, sondern nähern uns mit jedem Tag unserem Wiedersehen.

Das neue Jahr fühlte sich an wie ein Neuanfang. Ich beschloss, Samuels Geschichte aufzuschreiben. Für unsere Familie. Vielleicht würde ich ein Fotobuch daraus machen. Alex fuhr mit Ben und Hannah für ein Wochenende zu seinen Eltern. Da ich mein Wochenende ganz für mich allein noch nicht hatte – so, wie wir es im Herbst abgemacht hatten –, blieb ich allein zu Hause. Für mich war dies ein wesentlicher Schritt. Es brodelte in mir und in der Stille fand ich Raum, die angestauten Gefühle herauszulassen. Das war immer wieder nötig. Ich heulte und schrie und betete so viel, wie schon lange nicht mehr. Das schenkte mir Freiheit und Ruhe. Ich kopierte die Texte von unserem Blog in ein Dokument, dann tippte ich einige Tagebucheinträge ab. Und dann begann ich, alles aufzuschreiben und zu ergänzen. Es war schmerzhaft. Und das ist es auch heute, fünf Jahre nach seinem Tod. Dieses Buch ist mit unzähligen Tränen entstanden. Es tut so weh, schwarz auf weiß zu sehen, dass es kein Albtraum, sondern Realität ist.

Samuel ist tot.

Aber wenn ich schreibe, dann kann ich meinen Schmerz besser verstehen und schließlich loslassen. Aus meinem Herzen auf dieses Papier fließen lassen. Dabei stelle ich mir vor, wie ich meinen Kopf an die Brust Jesu lehne, und er seine starke, warme Hand auf meinen Kopf legt. Ich weine und schluchze und spüre, wie er meine Tränen auffängt. Keine einzige entgeht ihm. Er gibt mir einen Kuss auf die Stirn und sagt: „Ich weiß, Liebes. Ich weiß. Und ich bin da." Er nimmt meine Hände, die sich zu Fäusten geballt haben, und öffnet sie, Finger für Finger. Langsam löst sich der Schmerz. Mein bebender Körper kommt langsam zur Ruhe. Schließlich nimmt er mein Gesicht in seine Hände, sodass ich in seine Augen sehe. Augen voller Liebe. Und Leben. An diesem Wochenende habe ich das Leben neu gespürt.

Freude und Trauer gehen Hand in Hand

Manchmal fragte ich mich, wie wir das tun konnten: herumtoben und lauthals lachen. Wir lebten intensiver, klarer. Und weil wir das volle Leben wollten, ließen wir uns auch ganz auf die Freude ein. Diese Tiefe entstand, wenn unsere Trauer auf Momente größten Glücks traf. Es prallten Welten aufeinander. Es gab Funken, Tränen, aber keine Explosion, sondern eine Verschmelzung. Mir liefen Tränen der Trauer die Wangen herunter, während ich gleichzeitig vor Freude laut lachte. Man könnte meinen, dies sei unangebracht, unnatürlich. Aber eigentlich war es genau richtig. Das war Leben.

Ich empfinde es genauso, wie Carol G. Page es beschreibt: „Aber bei all meiner Freude ist auch eine leise Wehmut dabei; meine Freuden werden von dünnen Fäden leichter Melancholie durchzogen. Es gibt keine reinen, einseitigen Gefühle, keine Gefühle, in denen nur eine Farbschattierung vorkommt."[12]

Auch heute kommt die Freude in Momenten größten Glücks

---

12 Carole Gift Page, Du kehrst zurück in Gottes Hand: Das kurze Leben unserer kleinen Tochter, Wuppertal: R. Brockhaus 2002, S. 151.

nie allein. Sie ist immer in Begleitung der Trauer. Und das ist gut so. Ich möchte die Leere nicht füllen. Ich will von meiner Trauer nicht „geheilt" werden. Ich will Trauer leben, weil sie Ausdruck meiner Liebe zu meinem Sohn ist. Er wird immer fehlen. Deshalb darf ich trauern, bis ich ihn wiedersehe.

Trauer ist aber nicht gleichzusetzen mit Traurigkeit. Es ist ein Erinnern. Ein Sehnen. Das Bewusstsein der Lücke, die nie wieder geschlossen werden kann.

Trauer – was uns wehtat und was uns half

Ich traue mich zu trauern

Zum ersten Mal traf mich Trauer nach dem plötzlichen Tod meiner Schwester im Februar 2009. Der Boden tat sich unter meinen Füßen auf und ich fiel in ein dunkles Loch. Ich fiel tiefer und tiefer. Ich fiel, bis ich irgendwann hart aufschlug. Ich blieb zusammengekauert liegen. Dachte, ich hätte es geschafft, ich hätte den Tiefpunkt erreicht. Aber dann fiel ich wenig später weiter, noch tiefer, wo es noch dunkler war. Wieder ein harter Aufprall. Ich versuchte durchzuatmen und aufzustehen. Aber fiel wieder. Immer tiefer. Hier würde ich niemals rauskommen, dachte ich. Ich fühlte mich gefangen in dieser Dunkelheit.

Irgendwann ließ ich es einfach zu. Ich versuchte nicht mehr, Halt zu finden oder es aufzuhalten. Ich ließ mich fallen, ohne zu wissen, ob es ein Ende geben und was mich dort erwarten würde. Ich ließ mich fallen.

Und wurde aufgefangen. Ich lag in der großen, weichen Hand Gottes. Die Dunkelheit wurde zu Licht, die Kälte zu Wärme.

Er deckte mich zu mit seiner Liebe – und noch nie in meinem Leben habe ich mich so geborgen gefühlt.

Dieses Bild des Fallens hatte ich in den ersten zwei oder drei Monaten danach immer wieder vor Augen. Ich versuchte, stark zu sein, schließlich war ich schwanger mit Ben. Meine Semesterferien waren vorbei und ich wollte all meine Hausarbeiten möglichst früh abgeben. Außerdem waren wir gerade umgezogen und es gab eine Menge zu tun. Aber die Dunkelheit holte mich immer wieder ein. Je mehr ich versuchte, ihr zu entfliehen, desto mächtiger wurde sie. Und dann gab ich auf. Damit begann mein Weg zurück ins Licht.

Trauer ist nicht etwas, das einfach passiert. Wie ich im letzten Kapitel schon geschrieben habe, braucht es Mut, Gefühle zuzulassen, ohne zu wissen, was sie mit uns machen. Mut zur Verletzlichkeit. Mut, ehrlich zu sein. Mut, sich dem Leben zu stellen. Mut zum Dennoch. Ich traue mich zu trauern. Es ist ein schmerzhafter Prozess. Doch das Nicht-trauern-Können ist weitaus schlimmer.

Trauer ist nicht zerstörerisch, sondern der Weg zu Heilung und neuer Kraft. Wer sich nicht darauf einlässt, wird irgendwann durch Depressionen, chronische Schmerzen oder andere Erkrankungen von ihr eingeholt. Hannah Lothrop schreibt: „So schwer es sein mag – es gibt keinen einfacheren Weg. *Um wieder heil zu werden, wieder liebes- und lebensfähig zu sein, muss ich es wagen, die Erfahrung mit allen aufkommenden Gefühlen bewusst zu durchleben*, sie an mich heranzulassen und mich davon erschüttern zu lassen."[13]

---

13 Lothrop, S. 53.

Es gibt keinen anderen Weg als durch das tiefe Tal. Mir war früher nie richtig bewusst, was es bedeutet, wenn es in Psalm 23,4 heißt: „Und ob ich schon wanderte im finstern Tal, fürchte ich kein Unglück; denn du bist bei mir, dein Stecken und Stab trösten mich" (Luther). In der Neues-Leben-Übersetzung wird das finstere Tal mit „das dunkle Tal des Todes" übersetzt. Der Psalmist David geht davon aus, dass wir durch dieses Tal hindurchgehen müssen. Hindurch, nicht darüber hinweg. Gehen – bewusst einen Fuß vor den anderen setzen. Und sich an mancher Stelle tragen lassen. Denn ER ist bei mir, mit mir in diesem Tal. Er ist für mich da.

Und so, wie er für Elia in der Wüste gesorgt hat, mit Nahrung und Schlaf, bis er kräftig genug war, um weiterzugehen (1. Könige 19), so tut er das auch für mich. Es ist okay, wenn ich mich einfach im Bett verkriechen will. Wenn ich es nicht schaffe, die alltäglichen Aufgaben zu bewältigen. Ich darf das. Und dann hilft er mir auf und wir gehen gemeinsam weiter. Durch das Tal hindurch.

Mary Beth Chapman schreibt in ihrem Buch über den Verlust ihres Kindes: „Ich habe so viele Tränen geweint, eine Mischung aus Trauer darüber, wie sehr ich Maria vermisse, und Freude über die Erinnerungen an sie! Ich glaube, wenn all diese Tränen miteinander vermischt die ausgedörrten Stellen in meinem Innern bewässern, dann werde ich ganz langsam anfangen, heil zu werden. Wenn sie mein Inneres aber nicht erreichen, dann würde ich einfach verwelken und sterben."[14] Wenn wir unser

---

14 Mary Beth Chapman/Ellen Vaughn, Wenn das Leben andere Blüten trägt: Eine Mutter, ein tragischer Unfall und eine Hoffnung, die wächst, Asslar: Gerth Medien, 2011, S. 271.

Inneres nicht öffnen, werden wir verwelken und sterben, auch wenn wir noch existieren. Der einzige Weg, mit Trauer fertig zu werden, ist den Weg der Trauer zu gehen.

Wie das geht? Da gibt es kein Rezept und auch kein Richtig und Falsch. Trauer ist so unterschiedlich wie wir Menschen, und jeder von uns hat eine ganz eigene Art, sie auszudrücken. Die Hauptsache ist, *dass* wir es tun.

Am Anfang unseres Trauerweges war ich oft unsicher, wie ich mit alldem umgehen soll – mit meinen Gefühlen, mit der Trauer von Alex und den Kindern, mit der Frage, wie viel ich anderen Menschen erzählen sollte.

Ich glaube, wir haben vieles intuitiv richtig gemacht, richtig für *uns*. Manchmal brauchen wir Leitung durch andere oder einen Rat oder Bestätigung. Aber oft wissen wir selbst am besten, was wir gerade brauchen. Dennoch fragen wir uns immer wieder, ob das wirklich das Beste ist und wir darauf bestehen dürfen.

„Trauer muss jeder Betroffene auf seine ganz individuelle Weise durchleiden. Es gibt keine Abkürzungen, kein Ausweichen, und letztlich gibt es auch kein Ende. Muss es auch nicht."[15] Diese Worte von Ursula Nubers bestätigen meine Erfahrung.

Ich brauche Stille. Alleinsein. Erinnerungsstücke oder Symbole. Das Erzählen von Samuel. Und das Schreiben. Dann sehe ich vor mir, was in mir ist. Kann es sortieren, teilen und loslassen.

Es war schwer, mich mit anderen nicht so über Samuel austauschen zu können. Wir Eltern, die um unser Baby trauern, stehen in großer Gefahr, uns zu isolieren. Umso wichtiger sind

---

15 Ursula Nuber, Trauer: Preis der Liebe, Psychologie Heute, 6/2012, S. 25.

Menschen, die zuhören und ausdrücken, dass auch sie um unser Kind trauern.

Was ich mir gern gesagt hätte

Hör auf, deine eigene Trauer immer wieder zu hinterfragen.
„Sollte ich nicht viel häufiger mal vor anderen weinen, statt immer allein? Sollte ich nicht fröhlicher sein, wenn meine Freundin schwanger ist? Sollte ich nicht mehr beten?"

Lass all diese Gedanken los und sei einfach du selbst. Es ist okay, wenn dir die Babyparty deiner Freundin wehtut. Kämpfe nicht dagegen an, verurteile dich nicht länger. Weine, wenn dir danach ist. Egal, ob du allein bist oder unter Menschen. Deine Tränen brauchen dir nicht unangenehm zu sein, auch wenn andere sich durch sie unbehaglich fühlen.

Es gibt wenige Menschen, in deren Gegenwart ich geweint habe. Ich bin ein Mensch, der in der Stille einen besseren Zugang zu seinen Gefühlen hat. Erst danach kann ich reden. Und deshalb habe ich Menschen gebraucht, die mich so akzeptierten und aushielten, wie ich war: in mich gekehrt, verschwiegen, vielleicht auch abweisend. Ich habe es den Menschen nicht leicht gemacht, und ich habe mir oft gewünscht, dass es anders wäre. Dass *ich* anders wäre. Dass ich reden könnte, um verstanden zu werden. Doch dann habe ich begriffen, dass dies nun einmal meine Art ist, mit diesen Gefühlen umzugehen.

Lass dir helfen. Werde aktiv und frage nach einem Gespräch.
Es fiel mir schwer, mich jemandem zu öffnen. Nur wenige Menschen waren von sich aus so offen, dass ich Raum hatte, meine

Gedanken und Gefühle mitzuteilen. Die Voraussetzung für mich war, dass das Reden über Samuel etwas Natürliches für sie war, etwas, wovor sie keine Scheu hatten. Wenn sich bei mir doch mal Gefühle aufgestaut hatten, und ich nicht wusste, wie ich sie einordnen oder ausdrücken sollte, habe ich einen Termin bei meiner Seelsorgerin Uschi gemacht.

Du darfst schreien.

An manchen Tagen wollte ich einfach laut rausschreien, was ich so ungerecht empfand. Ich wünschte, wir wären in unserer Kultur nicht so zurückhaltend mit unseren Gefühlen. Die Totenklage durch Schreien und Jammern auszudrücken, das ist ein wertvoller Gedanke für mich. Ich bin ein ruhiger Mensch und würde immer noch viel in der Stille verarbeiten. Aber diesen Raum zu haben, auch mal laut zu heulen, wäre befreiend.

Nimm dir die Zeit, die du brauchst.

Warum geht es nicht schneller? Warum lässt Heilung so lange auf sich warten? Ein Jahr später tat es noch genauso sehr weh wie einen Tag danach. Ich hatte so gehofft, ja erwartet, dass es schneller gehen würde, dass es irgendwann vorbei sein würde. Aber vollkommene Heilung von diesem Schmerz gibt es erst, wenn ich Samuel wieder in meinem Arm halte. Und wenn es schneller ginge, würde ich dann nicht das verpassen, was ich gerade lerne? Jemand sagte mir, Gott könne uns Menschen von all unseren Narben befreien. Wir wären dann wieder völlig heil und unbelastet. Dieser Gedanke schien mir nicht richtig. Wollte ich meine Narbe wieder hergeben? Mich so fühlen, als wäre nichts gewesen? Was meint man denn, wenn man über etwas

„hinwegkommen" möchte? Über ein Hindernis springen und dann fröhlich seines Weges gehen?

Ja, Gott tröstet. Und ja, Gott heilt und befreit. Aber anders, als wir uns das denken und erhoffen.

Tu, was dir guttut.

Ich war fast das ganze erste Jahr ohne Samuel so verspannt, dass ich ständig Schmerzen hatte. Jeder Mensch entspannt anders. Für mich braucht es ein heißes Bad und eine Massage. Das habe ich mir auch hin und wieder gegönnt, aber nicht oft genug.

Folgende Dinge haben mir geholfen, meine Trauer um Samuel auszudrücken:

- *Das Schreiben.* Sei es mein Gebetstagebuch oder der Blog und nun das Buch. Mal schreibe ich an Samuel gerichtet, mal an Gott. Andere Menschen schreiben Gedichte oder Lieder.
- *Das Grab.* Spätestens hier konnte sich meine Trauer entladen. Inzwischen brauche ich diesen Ort nicht mehr so häufig.
- *Fotos, Symbole und die Erinnerungsbox.* Manchmal fließen die Tränen, wenn ich all diese Dinge betrachte, doch mit der Zeit wird es immer häufiger ein Lächeln.
- *Singen.* Wenn ich nicht weiß, wohin mit mir, und mir die Worte zum Beten oder Schreiben fehlen, setze ich mich ans Klavier und singe. (Ich spiele nicht gut, aber für diesen Zweck reicht es.)
- *Die Natur.* Die frische Luft, aber vor allem die Schönheit, die ich draußen entdecken kann, tun meiner Seele gut. Von den Feldern um unseren Wohnort herum haben wir einen wunderschönen, weiten Blick auf das Siebengebirge. Und wenn

die Sonne untergeht, staune ich immer wieder über die Farben – und den Künstler, der den Himmel so schön angemalt hat, wie ich den Kindern immer sage. Ganz besonders schön ist für mich das Meer. Vor dieser Weite zu stehen, macht mir bewusst, wie klein ich bin. Das ist ein schöner Gedanke, weil ich gleichzeitig die Größe und Unendlichkeit Gottes sehen kann, der sich um mich kümmert.

– *Familie und Freunde.* Mit Menschen zusammen sein, die mich so annehmen, wie ich bin, sei es bei einem Ausflug oder einem gemütlichen Abend auf dem Sofa, das ist stets wie ein tiefer Atemzug, der mich neu belebt.

Alex über seine Trauer

Als ich das Skript dieses Buches lesen durfte – Regina hat es mir erst „erlaubt", als sie größtenteils fertig war –, stach mir eine Bemerkung von ihr in Bezug auf Trauer besonders ins Auge, die auch mir in den Jahren nach Samuels Tod bewusst geworden ist: Jeder trauert anders. Wir haben unterschiedliche Wege gefunden und unser Fall ist auch mit keinem anderen vergleichbar. Auch jetzt würde ich zu niemandem, der einen lieben Menschen verloren hat, sagen: „Ich weiß, wie es dir geht". Ich weiß es nicht! Abgesehen von unterschiedlichen Persönlichkeiten empfindet eine Mutter, die ihr Baby unter der Geburt verloren hat, anders als wir – und auch anders als Eltern, deren Kind als Jugendlicher bei einem Unfall gestorben ist. In dieser Hinsicht bin ich viel sensibler geworden – und das hat bei mir schon einiges zu bedeuten, der ich sonst recht pragmatisch bin.

Jeder muss trauern und jeder trauert anders. Mir fiel es teilweise schwer, die Gefühle zuzulassen und anderen zu erklären, wie es mir geht. Es ist eine gewisse Leere da, eine Traurigkeit, die außen meist nicht sichtbar ist. Momente, in denen sie hervortrat, hatte ich fast nur im kleinen Kreis meiner Familie. Schon einen Tag nach Samuels Tod hatte ich mich um die Beerdigung zu kümmern, und auch danach musste das Leben ja weitergehen. Irgendwann bekam ich Zweifel: Unterdrückst du deine Trauer? Solltest du öfter „traurig" sein? Ist das, was du hier tust, ungesund? Auch heute, nach fünf Jahren, kommen diese Gedanken gelegentlich. Müssen wir Trauer aktiv zulassen? Ich weiß es bis heute nicht. Es gab Tage und Momente – und es gibt sie auch heute noch –, in denen mich die Traurigkeit überkommt. Oft auf Autofahrten, wenn ich alleine bin. Wenn irgendwelche Lieder oder Bilder mich an meinen kleinen Samuel erinnern. Aber ich habe meinen Frieden damit gefunden. Ich habe Gottes Weg akzeptiert, ohne ihn verstehen zu müssen.

Und noch eine Sache im Umgang mit Trauernden ist mir wichtig geworden: Ein Verlust sollte nicht verschwiegen werden. Regina hat dazu schon einiges geschrieben. Unsere geliebten Menschen sind nicht „weg", weil sie gestorben sind. Ich kann nicht für andere sprechen, aber ich erzähle gerne von Samuel. Ich würde sogar behaupten, dass dieses Erzählen einen sehr wichtigen Beitrag zu meiner Verarbeitung des Verlusts leistet.

Trauer als Familie leben

Darüber habe ich schon einiges geschrieben. Deshalb möchte ich an dieser Stelle nur einige ergänzte Gedanken weitergeben. Es war uns sehr wichtig, unserer Trauer bewusst als ganze Familie Raum zu geben. Dafür brauchten wir aber vor allem Respekt gegenüber der Art und Weise, wie die anderen ihre Gefühle ausdrücken – oder auch nicht ausdrücken. Dann konnten wir für einander da sein und uns festhalten.

Wir wollten den Kindern gegenüber offen sein. Schließlich lernen sie von uns, wie man mit Trauer umgeht, und das stellt die Weichen für ihre eigene Trauerbewältigung. Außerdem müssen Kinder wissen, warum ihre Eltern traurig sind, damit sie sich nicht ausgeschlossen fühlen oder gar die Schuld bei sich suchen. Während Hannah Samuel noch nicht bewusst vermisste, sondern auf unsere, vor allem auf meine Gefühle reagierte, war es für Ben schwerer, einerseits unsere Tränen zu sehen und andererseits zu wissen, dass sein Bruder nie nach Hause kommen würde.

„[Kinder] trauern nicht in einem in sich abgeschlossenen Prozess, sie trauern in Raten, über Jahre hinweg, bis ins Erwachsenenalter hinein.“[16] Das merken wir deutlich. Je älter die Kinder werden, desto bewusster wird ihnen, was bzw. wer ihnen fehlt, und das müssen sie verarbeiten. Aber ich denke, wir haben ihnen eine gesunde Grundlage gelegt, die ihnen den Raum für ihre Trauer lässt. Sowohl unser Kinderarzt als auch die Erzieherinnen im Kindergarten hatten uns gesagt, dass sie daran wachsen würden.

Anfangs waren wir sehr häufig zusammen am Grab, jeden Sonntag nach dem Gottesdienst. Inzwischen sind wir nicht mehr so häufig dort, manchmal spielen die Kinder auf dem Spielplatz nebenan, manchmal kommen sie mit. Doch an den besonderen Tagen sind wir alle zusammen dort. Wir wollten ihnen nichts aufzwingen und auch nicht vorschreiben, wie offen

---

16 Ursula Goldmann-Posch, Wenn Mütter trauern: Erinnerungen an das verlorene Kind, München: Kindler, 1988, S. 45.

sie anderen gegenüber über ihren Bruder sprechen. Doch es ist ganz selbstverständlich für sie, ihren Freunden von ihm zu erzählen. Samuel gehört zu uns. An einem Abend saßen wir als Familie am Esstisch und warfen uns Luftküsse zu. Plötzlich pustete Ben einen Kuss nach oben, in Richtung Himmel zu seinem Bruder. Und auch heute – fünf Jahre nach Samuels Tod – ist das nicht anders.

Folgenden Brief hat Ben an seinen Bruder geschrieben, und er hat sich gewünscht, dass er einen Platz in diesem Buch findet:

Lieber Samuel,
ich habe dich ganz doll lieb! Und ich freue mich schon auf
den Tag, wo wir uns zum ersten Mal im Himmel sehen!
Ich vermisse dich ganz, ganz doll! Ich würde gerne mit
dir spielen!
Dein liebster Bruder Ben

Mit Alex konnte ich immer reden, zumindest sobald ich mich zuerst allein sortiert hatte. Er war immer für mich da. Ich kann nicht fassen, was für einen tollen Ehemann ich habe. Wir mussten verstehen, dass wir unterschiedlich mit der Trauer umgehen. Ich dachte manchmal, ich nehme mir zu oft Zeit für mich allein und gebe ihm diese aber zu selten. Er dachte, ich denke, dass er zu wenig trauert. Doch sobald wir darüber gesprochen haben, was wir empfinden, rückten wir noch näher zusammen. Wir trauerten nicht allein. Nur anders. Wir redeten, weinten, hielten uns fest, schauten uns gemeinsam Fotos von unserem kleinen Vogel an, fuhren zu zweit zum Friedhof, gönnten uns ein Wochenende ohne Kinder und wir beteten zusammen.

Alex schreibt:

Wie können wir als Männer unsere trauernden Frauen unterstützen? Ganz ehrlich: gefühlt fast gar nicht. Ja, ich habe mein Bestes gegeben, aber meistens hatte ich einfach das Gefühl, ihr nicht helfen zu können. Oft fühle ich mich hilflos, weil ich nicht genau weiß, wie es ihr geht oder wie ich ihr helfen kann. Manchmal habe ich ihr angesehen, dass es ihr nicht gutgeht, manchmal habe ich es nur geahnt, es wahrscheinlich aber auch oft verpasst. Ich versuche dennoch einige Aspekte zusammenzufassen, die sich im Rückblick als hilfreich erwiesen haben:

Sei aufmerksam.
Regina hat nur selten gesagt, was sie fühlt. Wie soll man solche Gefühle auch in Worte fassen? Ich habe sie auch nicht dazu gedrängt, weil ich weiß, wie schwer es ihr fällt. Halte die Augen offen nach Anzeichen, dass sie Entlastung braucht, schick sie notfalls zu einer guten Freundin oder alleine nach draußen. Ich habe mir immer wieder mal die Kinder geschnappt und alleine mit ihnen etwas unternommen.

Nimm ihr nichts übel.
Und wenn ich dann doch mal erkannt habe, dass es Regina offensichtlich nicht gutgeht, sie wieder ein Tief hat, hat sie sich erst mal zurückgezogen. Es war anfangs schwer, das nicht als negatives Zeichen mir gegenüber zu werten, aber sie hat diese Zeit alleine einfach gebraucht.

Es ist ihre Art, mit Problemen umzugehen, und ich habe gelernt, das zu respektieren. Sollte in dieser Phase mal ein unfreundliches Wort kommen, gib dem Tonfall nicht allzu viel Bedeutung.

Sei still.

Klingt erst mal komisch, aber wenn Regina sich den Frust, die Wut oder Trauer von der Seele reden will, erwartet sie von mir keine schlauen Vorschläge und erst recht keine perfekt durchdachten Lösungen. Ich höre ihr zu, lasse sie ausreden und nehme sie dann in den Arm.

Redet offen miteinander.

Ganz ohne Reden geht es nicht. Um zu erkennen, was Regina in schweren Zeiten braucht, um Missverständnissen vorzubeugen oder um uns einfach auszutauschen, waren die Gespräche miteinander praktisch überlebenswichtig für unsere Ehe. Lass auch du deine Frau an deinen Gedanken teilhaben. Das hat uns immer näher zusammengebracht.

Bete für sie und mit ihr.

Regina war oft nicht in der Lage, ihre Gedanken Gott gegenüber laut zu äußern. Und doch hat das gemeinsame Gebet eine ungemeine Kraft. Es verbindet uns miteinander und ist ein Zeichen unserer gemeinsamen Abhängigkeit von Gott.

Über einem gemeinsamen Schicksalsschlag sind schon viele Ehen zerbrochen. Doch das muss nicht sein! Wie

Freude ist auch Leid ein Teil unseres Lebens, bei jedem in seiner eigenen Form. Lasst die Chance, die eine „Wanderung durch das finstere Tal" für eure Beziehung bietet, nicht ungenutzt. Und entdeckt die unglaubliche Kraft, die ein „Zusammen durch Dick und Dünn" entfalten kann.

Auf der anderen Seite

Im Januar nach Samuels Tod stand ich zum ersten Mal auf der anderen Seite. Olga brachte ihre Lilly still zur Welt. Ohne darauf vorbereitet zu sein, mussten sie, ihr Mann und ihre beiden großen Kinder Abschied nehmen, nachdem sie sich so auf ein Willkommen gefreut hatten. Als ich davon erfuhr, brach mir das Herz für diese Familie. Ich habe geweint. Für sie. Für mich. Ich spürte die Ohnmacht wieder bis in die Fingerspitzen.

Gemeinsam mit Marina, unserer gemeinsamen Freundin, fuhr ich zu Olga ins Krankenhaus. Und dann saß ich da. Was hätte ich anderes tun können, als sie zu umarmen und mit ihr zu weinen? Ich dachte, vielleicht könnte ich ihr helfen, weil ich sie besser verstehen konnte als die meisten anderen. Aber ich habe mich einfach hilflos gefühlt, und wusste nicht, was ich sagen sollte.

Dann gab ich ihr ein paar Dinge weiter, die ich in den vergangenen Monaten gelernt hatte. Doch ich merkte schnell, dass sie für Olga zu diesem Zeitpunkt nicht wichtig waren. Es waren *meine* Erkenntnisse, die ich über *Monate* gelernt hatte. Ich habe zu viel geredet. Warum habe ich nicht mehr zugehört? Ich hätte das Schweigen verstanden, aber ich fand es unerträglich, dass sie über alltägliche Dinge sprach, so, als würde sie gerade überhaupt nicht in der größten Tragödie ihres Lebens stecken. Doch es war *ihre* Art zu überleben.

Zum Schluss beteten wir für Olga. Als wir dann nach Hause fuhren, hatte ich das Gefühl, nichts getan zu haben. Was hätte ich sagen können? Was hätte ich tun können? Es gibt nichts, was eine Mutter in so einer Zeit trösten kann. Wenn ein Kind stirbt, sterben die Träume und Hoffnungen.

Nun begann ich, die Menschen besser zu verstehen, die uns damals gegenüberstanden und keine Worte fanden. Oder die falschen wählten.

Mir tat es mehr weh, wenn jemand nichts sagte – und das, obwohl ich Angst davor hatte, auf Samuel angesprochen zu werden. Denn ich wusste nicht, wie ich reagieren würde. Aber schlimmer als ein „Seid ihr schon darüber hinweg?" war für mich Schweigen.

Etwa einen Monat nach Samuels Tod besuchten wir meine Eltern zum ersten Mal. Ich fand es schwer. Alles war normal. Aber wenigstens redeten sie über Samuel. Sie waren es gewohnt, über einen verstorbenen Menschen zu sprechen, denn schließlich hatten sie auch schon ein Kind verloren.

Andere hingegen schwiegen. So auch Menschen, die ich von Herzen liebe und die mir sehr nahe stehen. Sie hielten diese Gefühle nicht aus und lenkten ab. Das war das schlimmste, was sie in diesem Moment hätten tun können. Ohne es zu wollen oder zu merken, setzten sie uns unter Druck, unser Leben normal fortzuführen.

Wir waren einfach sehr sensibel zu dieser Zeit.

Als wir später an diesem Tag auf einem Flohmarkt in der Stadt waren, sah ich viele Bekannte aus früheren Zeiten, aber ich ging auf niemanden zu – aus Angst vor ihrer Reaktion. Doch dann begegneten wir dem Mann meiner Cousine. Er sagte nicht viel, aber reichte uns seine Hand und drückte sein Beileid aus. Das war alles. Und das war genug. So tröstend. Ich bin ihm bis heute dankbar für diese wenigen, einfachen Worte. Sie geben mir das Gefühl, dass auch andere Menschen das Leben meines Kindes anerkennen und wertschätzen, statt es schnell zu vergessen. Ich weiß, manche schweigen aufgrund ihrer Hilflosigkeit. Doch steckt nicht manchmal auch das Verdrängen des Todes aus dem Leben dahinter?

Wenn Hilflosigkeit verletzt

Es ist schwierig für mich, mit Menschen umzugehen, die nicht wissen, wie sie auf die Nachricht, dass eins unserer Kinder verstorben ist, umgehen sollen. Viele entschuldigen sich fürs Nachfragen und sagen nichts weiter dazu. Dann stehen die Fragen unausgesprochen zwischen uns.

Wenn ich dann doch mal weine, obwohl schon mehrere Jahre vergangen sind, bekomme ich in Gegenwart mancher Menschen das Gefühl, ich hätte ein Problem.

Ich weiß aus eigener Erfahrung, wie hilflos man sich gegenüber tiefer Trauer eines anderen Menschen fühlt. Man möchte das Richtige sagen, etwas Gutes tun, aber weiß nicht, was. Trauernde Menschen sind sehr sensibel und jeder empfindet anders. Was dem einen hilft, kann der andere als Angriff auffassen. Die Hilflosigkeit anderer kann verletzend sein. Ich gebe hier einige Dinge weiter, die ich persönlich als unpassend empfinde:

- Kluge Ratschläge oder viele Worte sind fehl am Platz. Und erst Recht jegliche Art von Urteil.
- Ebenso Sätze wie: „Ihr seid ja noch jung." „Ihr habt ja noch

zwei Kinder." „Zeit heilt alle Wunden." „Du musst nach vorne sehen." „Es hat einen Grund." „Wenigstens …" „Das war Gottes Wille." Den Satz des verwirrten, alten Nachbarn, der aus seinem Fenster ruft: „Ach, zwei reichen ja auch", kann ich überhören und vergessen. Doch wenn solche Sätze von Freunden kommen, tun sie weh.

- Man sollte den Schmerz eines Menschen nicht mit dem von anderen vergleichen. Es tut weh. Egal, wie rum. „Lässt sich Trauer messen? Ist es leichter, einen Säugling zu verlieren als ein erwachsenes Kind? (…) Ist ein Kind, nur weil es alt und grau wird, irgendwann nicht mehr ein Kind? Oder ist ein behindertes, unfertiges Kind deshalb weniger ein Kind?"[17]
- „Einem Menschen, dem das Herz schwer ist, fröhliche Lieder vorzusingen, ist gerade so, als würde einer bei großer Kälte die Jacke ablegen oder Salz in eine Wunde streuen" (Sprüche 25,20; NL). Es gibt Momente, in denen wir Ablenkung brauchen, aber wir wollen in unserer Trauer ernst genommen werden.

Inzwischen verstehe ich, dass die Menschen ein Zeichen von mir gebraucht hätten. Manchmal tat ich den ersten Schritt, indem ich Samuels Namen aussprach, um deutlich zu machen: *Du darfst mich auf ihn ansprechen.* Manche gingen darauf ein und andere nicht. Es ist sicher unfair, aber ich konnte die Distanz nicht verhindern, die ich dann aufbaute.

Doch es gibt auch diejenigen, die verstehen, dass die Tränen nie aufhören werden zu fließen, wissend, dass sie dem Lachen

---

17 Page, S. 40.

nicht widersprechen. Meist sind das Menschen, die selbst Trauer erlebt haben.

Was ich anderen gern gesagt hätte

„Eilt uns nicht voraus, sondern nehmt uns an die Hand und geht mit uns jeden Schritt einzeln. Haltet es aus, wenn uns manchmal die Kraft zum Weitergehen fehlt und wir eine Pause brauchen. Dann setzen wir uns gemeinsam an den Wegesrand und weinen, während wir uns erinnern. Das Weinen gibt uns Kraft, um wieder aufzustehen und den nächsten Schritt zu wagen, nicht wissend, wo es hingeht. Aber wenn ihr an unserer Seite bleibt, ohne vorauszueilen, dann gewinnen wir Mut und Zuversicht, dass es in Ordnung ist, diesen Weg – die Trauer – zu gehen."

Praktische Hilfe

Wir haben alles sehr überstürzt organisiert und entschieden. Weil es eben dran war. Wir fuhren zum nächsten Bestatter und zum ortsansässigen Steinmetz. Warum haben wir nicht verglichen? Uns nicht mehr Zeit gelassen? Inzwischen weiß ich, dass es Bestatter gibt, die Erfahrung mit Eltern haben, die Kinder beerdigen müssen. Sie informieren darüber, dass man das Kind selbst anziehen kann. Dass man den Sarg bemalen kann. Sie gehen auf die Eltern ein, statt stumpf ihre Arbeit zu verrichten, wie es bei uns der Fall war.

Doch schlimmer war es mit dem Steinmetz. Für uns war es selbstverständlich, dass ein Stein auf das Grab muss. Inzwischen wissen wir, dass es auch andere Möglichkeiten gibt, aber damals war uns das nicht klar und wir wollten alles so schnell wie möglich erledigen. Als der Stein auf dem kleinen Grab stand, bekamen wir einen Schock. Er sah vollkommen anders aus, als wir uns das vorgestellt hatten, und er war fast so groß wie das Grab selbst. Ich konnte diesen Anblick nicht ertragen und fuhr erst wieder zum Friedhof, als der Stein entfernt worden war. Wir bekamen einen anderen, einen kleineren. Heute wünschen wir uns etwas Kindlicheres. Die Steine, die wir bunt bemalt und auf das Grab gelegt haben, sind ein Anfang.

In all diesen Angelegenheiten wäre es hilfreich gewesen, jemanden an der Seite zu haben, der nicht mittendrin steckt. Jemanden, der Informationen einholt. Jemanden, der uns Zeit gibt, überlegte Entscheidungen zu treffen. Doch dafür hätten wir offener sein müssen. Wir haben nicht nach Hilfe gefragt und waren zu verschlossen, um jemanden in unsere Wolke hineinblicken zu lassen.

Trotzdem war es wichtig für uns, selbst Entscheidungen zu treffen: zu überlegen, wie Samuels Beerdigung aussehen soll; welche Lieder gesungen werden sollen. Auch durch unsere eigenen Texte etwas beizutragen, hat uns gutgetan. Ich glaube, es ist wichtig für uns Eltern, diesen Weg zu gehen. Mit lieben Menschen an der Seite wird es leichter.

Und da waren sie. Jeden Tag versorgten uns Leute aus unserer Gemeinde mit gesundem Essen. Pünktlich um 13 Uhr klingelte es an der Tür und wir wurden mit den leckersten Gerichten beschenkt. Ich weiß nicht, wie wir es ohne diese Unterstützung geschafft hätten.

Ein solches Netzwerk ist sehr wichtig. Selbst wenn man das Gefühl hat, den trauernden Eltern nicht helfen zu können, gibt es Dinge, die man tun kann und die einen großen Wert haben. Uns wurde angeboten, für uns zu putzen. Ich konnte meinen Stolz nicht überwinden, um dieses Angebot anzunehmen. Aber wir waren überfordert mit den anfallenden Aufgaben im Haushalt. All die lieb gemeinten Hilfsangebote, dass wir uns melden sollten, wenn wir etwas bräuchten, waren eine Überforderung für uns. Einfacher waren konkrete Angebote wie das von Ursula Häbich. Sie wollte für uns bügeln – und das nahmen wir dankend an.

Eine Tagesmutter aus unserer Gemeinde hat uns angeboten, unsere Kinder kostenfrei zu betreuen. Weil Ben und Hannah es nur schwer ertrugen, von uns getrennt zu sein, konnten wir das leider nicht nutzen. Aber es war ein so aufmerksames und liebes Angebot.

Zu Samuels Beerdigung haben wir von unterschiedlichen Seiten Geld bekommen. Wir sollten uns davon einen Urlaub gönnen. Das hat uns sehr geholfen. Es ist unbezahlbar, Menschen an der Seite zu haben, die dafür sorgen, dass man sich erholen kann! Sei es durch eine Massage, einen Spaziergang oder eine schöne Ablenkung zur richtigen Zeit.

Emotionale Stützen

Was ein trauernder Mensch braucht, sind keine Erklärungen, sondern ist die Liebe, die ihn in seiner Zerbrechlichkeit sieht und auf seine Bedürfnisse eingeht. Die Liebe wird erkennen, was er braucht.

Hier liste ich einige Dinge auf, die uns damals geholfen haben und uns auch heute noch wichtig sind:

- Teilt unsere Freude über unser Kind, auch wenn es krank ist. „Hauptsache gesund" ist nämlich nicht wahr. Danke für die Besuche im Krankenhaus, und auch für jede Karte, die wir zu Samuels Geburt bekommen haben. „Lieber Samuel, … es ist so schön, dass du jetzt da bist. Gott hat dich wunderbar und genial gemacht. Er liebt dich unendlich und lächelt voller Stolz über dich, weil du ihm so wertvoll bist! Nikolai & Anne mit Elijas & Joel."

- Umarmungen sind wie Balsam. Sie sind wie eine Einladung, die Tränen freizulassen. Ich hätte sicher nicht von jedem Bekannten umarmt werden wollen. Doch manchmal ergibt sich Raum dafür, eine Hand auf die Schulter eines Trauernden zu legen.

- Sagt etwas wie: „Es tut mir so leid." „Das muss schwer für euch sein." „Erzähl mir von ihm." „Was vermisst du am meisten?" „Er fehlt mir auch." „Lasst euch Zeit." „Ich weiß nicht, was ich sagen soll."

- Hört uns zu, wenn wir bereit sind zu reden. Ihr braucht auch nicht viel dazu sagen.

- Gebt uns Raum zu zweifeln, zu fragen und zu schreien, sodass unsere Emotionen an die Oberfläche kommen, wo sie in Erleichterung und Trost verwandelt werden können.

- Vergesst den Vater nicht. Fragt nicht nur danach, wie es seiner Frau geht. Fragt ihn, wie es ihm geht. Er kümmert sich um alles. Er ist seiner Frau ein Halt und den großen Kindern ein guter Unterhalter. Aber er hat seinen Sohn verloren.

- Betet mit und für uns.

- Ihr könnt uns anbieten, etwas mit uns zu unternehmen, denn manchmal brauchen wir eine Pause von unseren Gefühlen.

- Besucht Samuels Grab und denkt an seinen Geburtstag und seinen Todestag.
- Und bitte sagt seinen Namen. Seinen wunderschönen Namen! Sagt seinen Namen mit einem Lächeln.
- Gerade im zweiten Halbjahr und um den ersten Todestag herum ist die Unterstützung und Zuwendung von außen für uns sehr wichtig, obwohl viele denken, dass es uns jetzt schon besser geht.

Wenn wir von unserem Kind erzählen dürfen, holt uns das für einen Augenblick heraus aus unserer Wolke, die Ohnmacht weicht, die Gefühle finden Worte und brechen heraus aus ihrem Gefängnis.

Gesten der Anteilnahme, die mich sehr berührt haben
Meine Freundin Nityla sagte einmal aus heiterem Himmel: „Ich vermisse Samuel." Ich hätte heulen können vor Freude und Dankbarkeit.

Es war sein erster Todestag und ich wusste nicht, wie ich diesen Tag überstehen sollte. Und ich hatte Angst davor zu erfahren, ob noch jemand außer uns an ihn denken würde. Da schenkte Eva mir ein Buch mit dem Titel „Der kleine Feuervogel". Einfach so. Sie hatte an Samuel denken müssen, als sie es sah. Danke, Eva! Auch dafür, dass du sein Grab besucht hast.

Wie lange ich nach einer Kette mit einem Vogel gesucht hatte! Ich wollte so gern sein Symbol bei mir tragen. Ich weiß nicht, ob ich es ihr gegenüber mal erwähnt hatte oder nicht, aber sie schenkte mir eine zum Geburtstag. Danke, Laura!

Und dann war da meine Freundin Mäggie. Es war schon ein oder zwei Jahre nach Samuels Tod, umso mehr berührte mich das, was ich sah, als sie vor dem Rahmen mit Erinnerungsstücken von unserem Kleinen Vogel stand: Tränen. Tränen um mein Baby, das sie nie gesehen hatte.

Zwei liebe Mädels schickten uns Blumen per Post, weil sie nicht selbst zur Beerdigung kommen konnten. Das hat mich so gefreut.

Am ersten Weihnachten lag eine ganz liebe Karte in unserem Fach in der Gemeinde: „Liebe Neufelds, wir wünschen Euch eine schöne Vorweihnachtszeit mit vielen guten Momenten miteinander und Menschen um Euch herum, die Euch gut tun. Wir denken viel an euch und beten, dass Gott für euch spürbar ist und euch in den Momenten, in denen ihr Euren Samuel besonders vermisst, besonders nahe ist. Eure Agi & Benny"

Der sechsjährige Austin sagte aus heiterem Himmel fast fünf Jahre nach Samuels Tod zu mir: „Schade, dass ein Baby von dir gestorben ist." Das berührte mein Herz.

Wir bekamen viele liebe E-Mails und Kommentare auf unserem Blog. Am 24. Juli 2013 schrieb Sabine: „Ich möchte für euch ein Knoten in diesem Gebetsnetz sein, in das ihr euch hineinfallen lassen könnt … Gott sorgt vor und lässt euch nicht fallen, auch wenn ihr glaubt, es geht ins Bodenlose."

Diese und andere liebevolle Gesten werde ich nie vergessen. Danke auch an alle, die uns praktisch unterstützt haben – die für uns gekocht oder bei den Vorbereitungen für die Beerdigung geholfen haben. Danke für jedes liebe Wort, ob persönlich, in einer Karte oder einer E-Mail. Manchmal hole ich die Karten aus der Truhe, in die wir Samuels Sachen gelegt haben, und werde durch sie wieder aufgebaut.

Zeit geben

Wie kann man erwarten, dass man darüber hinwegkommt, sein Kind begraben zu haben? Ich habe ihn geliebt. Mit jeder Faser meines Herzens. Er war nur so kurz bei uns, aber er hatte uns voll und ganz. Ich wollte ihn so sehr. Und jetzt ist er nicht mehr da. Mein Herz ist auseinander gebrochen, mein Körper, meine Seele – alles will ihn zurück. Ich liebe ihn. Ich liebe ihn. Wie soll ich darüber hinwegkommen?

Schon Monate nach Samuels Tod wurden wir gefragt, ob wir

noch oft an ihn denken. Diese Fragen machen mich wütend. Ich zeige es nicht. Manchmal denke ich sogar, es macht mir nichts aus. Aber in Wahrheit würde ich gerne laut losheulen und „Ja!" zurückschreien. Wie soll ich nicht jeden Tag an ihn denken?

Es gibt kein „Darüber-Hinwegkommen". Ich habe mich verabschiedet, als wir ihn begraben haben, als wir die Luftballons in den Himmel fliegen ließen. Und ich habe losgelassen, auch wenn ich manchmal noch versuche, nach ihm zu greifen. Aber loslassen und abschließen sind nicht dasselbe. Als wir Kleidung, Wiege und Wickeltisch weggeräumt haben, als ich die Babykleidung für Jungs verschenkt habe, war das ein Zeichen dafür, dass ich angenommen habe, dass Samuel nicht wieder zurückkommt. Jedoch nicht, dass ich es in Ordnung finde, ohne ihn leben zu müssen.

Ich liebe ihn noch. Deshalb werde ich weiter trauern. Wer liebt, der kann nicht anders. Es gibt keinen Ersatz. Sein Platz bleibt leer. Die Lücke wird sich niemals schließen. Deshalb wird sie weiter schmerzen. Nicht so stark wie am Anfang. Nicht jeden Moment. Aber sie wird mein Leben lang wehtun. Und das ist in Ordnung.

Der Schmerz wird nicht verschwinden. Wir lernen, damit zu leben. Vielleicht kann man das Ziel der Trauerbewältigung so beschreiben: die Trauer in ein neues Leben integrieren.

Gott ist dennoch gut

Was hat das alles mit meinem Glauben gemacht? Zusammenfassend würde ich sagen: erschüttert und gestärkt.

Bevor ich das näher ausführe, möchte ich klarstellen, dass diese Gedanken in den besonders schweren Zeiten, in denen die Trauer mit voller Wucht zuschlägt, nicht unbedingt ein Trost sind. Viele dieser Ansichten hatte ich zwar von Anfang an, sie waren in meinem Kopf, aber mein Herz brauchte erst einmal Raum, um die Gefühle empfinden zu dürfen und sie zu äußern. Deshalb finde ich es nicht sinnvoll, einem Trauernden mit theologischen Ausführungen zu begegnen – es sei denn, er fragt danach. Denn irgendwann suchen wir nach Antworten, nach dem Sinn des Leids.

Warum ich glaube

Ja, warum glaube ich eigentlich an Gott?

Mit zwölf Jahren habe ich mich bewusst für ein Leben mit Gott entschieden. Ich hatte verstanden, dass Jesus auch für mich am Kreuz gestorben war, dass er die Strafe, die ich verdient hatte, auf sich genommen hat, damit ich leben kann. Lange Zeit hatte ich aber diese Vorstellung, dass er etwas dafür von mir erwarten würde; dass ich ihm beweisen müsste, dass ich ein guter Christ war. So schwankte ich zwischen Bibellesen und dem schlechten Gewissen, weil ich immer noch viele Fehler machte. Hatte ich Gottes Vergebung und seine Liebe überhaupt verdient? Er war mein himmlischer Vater, ja, aber dennoch irgendwie weit weg.

Als ich 16 war, habe ich es endlich verstanden: Ich musste ihm nichts beweisen. Er will mich einfach so, wie ich bin. Ich begriff, dass Christsein heißt, eine Beziehung mit Gott zu haben. Und das bedeutet: Zusammensein. Lieben und geliebt werden. Reden und zuhören, manchmal auch schweigen. Es bedeutet, dass ich zu ihm kommen darf, wie ich bin. Mit der Zeit verstand ich immer mehr, dass Gott so ganz anders ist, als ich dachte. Ich ahnte, dass ich ihn nie ganz fassen und verstehen können würde, weil er so viel größer ist als ich. Doch immer mal wieder durfte ich eine neue Facette seines unergründlichen Wesens erkennen – und staunen.

Durch all diese Erfahrungen wuchsen mein Vertrauen und meine Liebe zu ihm. Nicht, weil immer alles gut war, sondern weil er immer da war. Dass ich Gott nicht in Frage gestellt oder gar abgelehnt habe, als wir erfuhren, dass Samuel krank war, und als wir erleben mussten, dass er starb, ist nicht mein Verdienst. Ich hätte einfach nicht gewusst, wohin ich sonst hätte gehen können. Ich kann sehr gut nachempfinden, wenn man so von Gott enttäuscht ist, dass man sein Vertrauen in ihn verliert und ihm den Rücken kehrt. Wenn man nichts spürt als den eigenen Schmerz, dann fühlt man Gottes Liebe auch nicht, so sehr sie einen auch umgibt.

Ich möchte weder versuchen, Leid zu rechtfertigen noch eine Antwort auf das Warum? geben. Doch ich stimme Timothy Keller zu, wenn er schreibt, Leiden würde „wie ein starkes Riechsalz wirken, das uns für viele Dinge im Leben und in unserem Herzen, für die wir bisher blind waren, die Sinne öffnet."[18]

Im Leid und trotz des Leids möchte ich danken, aber sicherlich nicht für den Tod meines Kindes. Ich habe mein *Dennoch* gefunden:

> *Dennoch bleibe ich stets an dir; denn du hältst mich bei meiner rechten Hand, du leitest mich nach deinem Rat und nimmst mich am Ende mit Ehren an. Wenn ich nur dich habe, so frage ich nichts nach Himmel und Erde. Wenn mir gleich Leib und Seele verschmachtet, so bist du doch, Gott, allezeit meines Herzens Trost und mein Teil.*
> Psalm 73,23-26; LU

Alex schreibt

In der Zeit der Ungewissheit – als wir nicht wussten, wie es Samuel geht, welche Krankheit er hat und wie lange er leben wird –, in der Zeit bangen Wartens und auch in der Trauer habe ich zu jeder Zeit gespürt, dass Gott da ist. Er hat uns die Kraft gegeben, für die andere uns zu Unrecht bewunderten.

Das Wissen um Gottes Existenz und Liebe – souverän und bedingungslos – hatte sich in meinem Leben bis dahin so stark entwickelt, dass ich daran nicht zweifelte. Dennoch entstehen in einer solchen Zeit natürlich Fragen.

---

18 Keller, S. 106.

Eine Aussage eines Freundes hat meine Sicht von Gott in dieser Zeit sehr geprägt: Gott leidet mit uns. Was für ein Bild von Gott! Nicht der strafende oder Leid zulassende Gott ist an meiner Seite, sondern der mitleidende Gott. Er weiß, dass wir in einer Welt leben, in der Falsches und Krankheit herrschen, und er weint mit uns. Ja, er hätte die Macht, all das zu ändern. Und nein, ich verstehe nicht genau, warum solche Dinge passieren. Aber der Satz „Gott lässt so etwas zu, also existiert er nicht oder ist böse" greift für mich einfach zu kurz. Gott hat die Welt perfekt erschaffen, er hat Krankheit und das Böse nicht gewollt. Allerdings hat er dem Menschen einen freien Willen gegeben. Der hat sich jedoch gegen Gott entschieden und lebt nun mit den Folgen. Ich weiß, das klingt stark vereinfacht – vielleicht ist es mein Drang als Pädagoge, alles „didaktisch zu reduzieren" –, aber im Grunde reicht mir dieses Wissen, um Gott zu vertrauen. Ich erkenne seine Souveränität an und nehme den Trost an, den er mir schenkt.

Ich brauche keine Antwort auf mein Warum

Ich habe Gott oft gefragt. Und tue es hin und wieder immer noch: Warum? Warum?

Viele Menschen fragen nach dem Warum. Und haben allen Grund dazu.

Doch Gott gibt uns nicht die Antworten, die wir erhoffen. Eigentlich gibt er uns meist gar keine Antwort. Aber während wir seine Größe erleben, merken wir gar nicht, wie diese Fragen langsam immer kleiner werden.

Blogpost vom 23. Juni 2016

Warum musste Samuel sterben?
Ich habe Gott nach dem Warum gefragt. Oft. Warum wir? Warum er?
Aber ich habe keine Antwort bekommen. Und das ist okay. Ich brauche keine. Weil ER die Antwort kennt.
Es war kein leichter Weg, um zu dieser Erkenntnis zu kommen.
(...)
Endlich ließ ich Gottes Nähe zu. Es tat weh. Und es tat gut. Diese Nähe war so groß. Mächtig. Souverän.
Er sagte zu mir: „Ich bin, der ich bin. Ich bin Gott, dein Vater. Dein Fels. Dein Zufluchtsort. Alles ist in meiner Hand. Ich habe einen guten Plan. Denn ich bin gut. Ich bin Liebe. Vertrau mir. Ich kenne die Antwort."
Er kennt die Antwort. Er kennt sie. Und deshalb muss ich sie nicht kennen. Ich kann es gar nicht.
Er ist so groß. So unfassbar. Er ist weise. Und er ist gut. Er ist vollkommen gut. Und er weiß, was er tut. Er weiß es, und das reicht.
Gott ist nicht der Schuldige. Er ist der Gnädige. Denn er hat einen Ausweg geschaffen. Und er lässt trotz Schmerz oder gerade mitten im Leid Gutes wachsen. Das ist Gnade. Das ist wahre Liebe.
Warum es nun unseren Samuel getroffen hat? Die Antwort auf diese Frage würde ich doch gar nicht verstehen. Ich glaube nicht an Zufälle. Ich glaube nicht, dass die Natur einen Fehler gemacht hat, wie meine Frauenärztin

mir in ihrer Hilflosigkeit erklärte. Ich glaube auch nicht, dass wir besonders stark sind, um das zu ertragen, und Gott uns deshalb ausgewählt hat.

Was ich glaube?

„Denn ich weiß genau, welche Pläne ich für euch gefasst habe", spricht der Herr. „Mein Plan ist, euch Heil zu geben und kein Leid. Ich gebe euch Zukunft und Hoffnung." (Jeremia 29,11; NL)

„Meine Gedanken sind nicht eure Gedanken", sagt der Herr, „und meine Wege sind nicht eure Wege. Denn so viel der Himmel höher ist als die Erde, so viel höher stehen meine Wege über euren Wegen und meine Gedanken über euren Gedanken." (Jesaja 55,8-9; NL).

Ich will keine Antwort auf mein Warum.
Es gibt keine Antwort, die mich zufrieden stellen würde. Es gibt nichts, was mich dazu bringen würde, meinen Sohn freiwillig herzugeben. Und deshalb will ich keine Erklärung, die ich dann annehmen müsste. Das würde ich nicht ertragen.

Die hilflosen und manchmal besserwisserischen Erklärungsversuche anderer Menschen klingen alle wie Spott in meinen Ohren. Wir sollten akzeptieren: Es gibt keine Erklärung, die Eltern über den Tod ihres Kindes trösten würde. Es gibt keine.

Und ich will keine.

Ich will keine Antwort auf mein Warum.

Trotzdem darf ich fragen.

Mein Warum ist Ausdruck meiner Sehnsucht nach meinem Kind. Heute ist es nicht mehr so laut. Und doch ist es immer mal wieder da.
Warum läuft hier kein kleiner Junge durch unsere Wohnung? Warum kann ich ihn nicht in den Arm nehmen?
Ich vermisse ihn, und es ist unerklärlich, dass er nicht da ist, dass ich nicht zu meinem Kind kann. Und das lässt mich manchmal verzweifeln und fragen: WARUM?
Und Gott legt den Arm um mich und sagt: Ich bin da. Ich versteh dich. Ich bin da.

Wenn selbst Gott keine Antwort auf das Warum gibt, warum versuchen wir, eine zu konstruieren? Diese hilflosen Versuche, etwas Unerklärbares zu erklären, sind bestenfalls wertlos, meistens jedoch verletzend.

Dennoch kann ich mit Sicherheit sagen, dass keine Gründe für Leid sind:

- dass Gott uns nicht liebt,
- dass wir ihm egal sind,
- dass er einen Fehler macht,
- dass er nicht gut ist.

Ist das nicht alles, was wir wissen müssen?

Gott antwortet auf das Leid

Gott gibt uns keine Antwort auf unser Warum. Aber er antwortet auf unser Leid mit seinem Sohn. Jesus hat Kranke geheilt und sogar Tote aufgeweckt. Er hat alles in Bewegung gesetzt, um leidenden Menschen zu helfen. Er hat etwas gegen das Leid der Menschen getan, weil er seine Menschen liebt. Diese Liebe fand ihren Höhepunkt in seinem Sterben, um uns Leben zu schenken. Philip Yancey schreibt dazu: „Die Tatsache, dass Jesus auf diese Erde kam, dass er litt und starb, entfernt Leid und Schmerz nicht aus unserem Leben. Aber sie zeigt uns, dass Gott nicht müßig herumsitzt und nur zusieht, wie wir einsam leiden."[19]

Jesus trauert nicht nur mit den Trauernden und nimmt sich ihrer an. Als Lazarus, sein Freund, gestorben war – so lesen wir es in Johannes 11,33 – war er wütend auf den Tod. Der Tod ist falsch. Wir sind nicht dazu gemacht zu sterben. Dennoch gibt es unsagbar viel ungerechtes, unerklärbares Leid auf dieser Welt. Noch. Jesus hat den Tod besiegt. Wenn wir Gott verstehen wollen, wissen wollen, warum er tut, was er tut, dann brauchen wir nur auf das Kreuz zu sehen. Dort hat er sein Herz ausgeschüttet. Er hat sich vollkommen verletzlich gemacht. Es ist Liebe.

Doch er zwingt niemanden, diesen Liebesbeweis anzunehmen. Er möchte unsere freiwillige, hingebungsvolle Liebe. Wenn wir Gott lieben, weil er uns Gesundheit, ein schönes Haus und eine liebevolle Familie schenkt, werden wir an ihm verzweifeln, sobald diese Dinge wegbrechen. Doch an Hiobs Beispiel, von dem wir in der Bibel lesen, lernen wir, dass die Liebe zu Gott nicht von diesen Bedingungen abhängig sein muss. Dann können wir an ihm festhalten, egal, wie die Umstände sind.

Gott ist für mich pure Liebe. Tiefer Friede. Er ist mein starker Fels, unerschütterlich. Unverändert. Und unendlich. Er ist so viel mehr, als ich mir vorstellen kann. Und gleichzeitig ist er mir

---

19 Philip Yancey, Wo ist Gott in meinem Leid?, Asslar: Gerth Medien 2002, S. 255.

so nah, wie sonst keiner. Er ist nicht Vergangenheit und nicht Zukunft, sondern immer Gegenwart. In meiner Gegenwart. Wer sich also fragt, wo Gott im Leid der Menschen ist, dem sage ich: Er ist genau hier. Mittendrin.

Jedes Mal aufs Neue berühren mich die Worte von Ann Voskamp: „Nichts außer seinem Wort kann mir helfen, die Welt zu verstehen. Das Wort hat von Nägeln durchbohrte Hände, die unser Gesicht umfassen und unsere Tränen abwischen, das Wort hat Augen, die sich vor unserem brennenden Schmerz nicht verschließen, das Wort flüstert: ‚Ich weiß. Ich weiß.'"[20] Er versteht. Er weiß.

Er hat den Schmerz besiegt, das Leiden und den Tod. Und deshalb darf ich leben. Nicht erst im Himmel. Sondern schon heute.

Gott beschenkt uns mitten im Leid

Enthält Gott uns etwas vor? Haben wir nicht ein Recht auf unser Kind? Ist es nicht unser Kind? Es war alles so ungerecht. Jesus sagt, er ist immer bei uns. Aber wie kann er uns nah sein, wenn so etwas passiert?

„Es ist immer eine Entscheidung. Auch wenn Verlust mich trifft, habe ich die Möglichkeit, Ja zu sagen. Ich kann mich dafür entscheiden, alles anzunehmen, was er mir gibt. Möchte ich so *leben* – meine Hände öffnen und alles empfangen, was von Gott kommt? Wenn nicht, dann entscheide ich mich ebenfalls. Ich sage Nein."[21]

---

20 Voskamp, S. 98.
21 Voskamp, S. 19.

Wie entscheiden wir uns?

Wir wollten unsere Hände öffnen. Wir wollten die Fülle von Gott empfangen.

2014 habe ich „Dankbarkeit" als mein Jahresmotto gewählt. Es ist mein Lebensmotto. Ich bin beschenkt, auch wenn ich nicht alles bekomme, was ich mir wünsche. Es ist faszinierend, dass es auch in schweren Zeiten noch so viel Schönheit zu entdecken gibt. Gnadengeschenke, die uns Kraft und Hoffnung geben. Aber sie sind meist klein und unscheinbar. Wir müssen uns dafür entscheiden, sie zu sehen. Ist es nicht leichter, sich im Dunkeln einzuschließen und sich in Bitterkeit zu vergraben? Ich hätte es gerne an so manchem Tag getan – und manchmal tat ich es auch. Aber ich habe mich bewusst dafür entschieden, meine Augen und Ohren zu öffnen, und dann sah ich Wunder. Ich hörte Liebeserklärungen. Ich lernte zu lachen, ja, mich von Herzen zu freuen und dankbar zu sein, inmitten der schwersten Zeit meines Lebens.

Mein Gott ist ein Gott, der Schönheit verschwendet. Das Alltagsgrau macht uns manchmal blind für die Farbenpracht, die unser Leben reich macht. Bin ich glücklich, wenn ich alles habe, was ich will – oder wenn ich mein Herz mit dem fülle, was ist? Da gibt es so viel. Gott überschüttet mich mit seinen väterlichen Küssen und verwöhnt mich täglich mit seinen Geschenken.

Er verwandelt das Böse, das Schwere in Gnade. Er war uns in der Zeit mit Samuel und nach seinem Tod so nah wie nie zuvor. Er hat sich uns auf eine einzigartige Art und Weise gezeigt. Es ist unbeschreiblich, sich von Gott getragen zu fühlen, gerade, wenn man nicht mehr stark ist, wenn man verzweifelt ist, wenn man meint, nicht mehr weiterleben zu können. Und deshalb trauern wir als Menschen mit Hoffnung. Hoffnung, die unser Herz beflügelt und unsere Augen für das Gute öffnet. Die uns wieder leben und lachen lässt.

Von diesen versteckten Segnungen singt Laura Story in ihrem Lied „Blessings", das mich in dieser Zeit sehr berührt hat und mich bis heute begleitet:

Cause what if your blessings come through rain drops
What if Your healing comes through tears
What if a thousand sleepless nights are what it takes to
know You're near
What if my greatest disappointments or the aching of this
life
Is the revealing of a greater thirst this world can't satisfy
What if trials of this life
The rain, the storms, the hardest nights
Are your mercies in disguise[22]

Ich wachse durch das Leid

In jedem guten Buch gibt es Spannung und Tragik. So auch in unserer Lebensgeschichte. Kein Mensch wird vor Leid bewahrt. Schmerz und Trauer begegnen jedem, dem einen früher, dem anderen später. Fest steht aber: Es sind entscheidende Zeiten. Zeiten, in denen wir wachsen und reifen, die unserem Leben eine neue Richtung geben oder die alles umkrempeln. Sie reißen uns den Boden unter den Füßen weg, und dann stehen wir vor

---

22 Text und Musik: Laura Story, © 2011 Laura Story. Für D, A, CH: Small Stone Media Germany GmbH

der Entscheidung, ob wir wieder aufstehen wollen oder nicht. Oder besser gesagt, ob wir uns aufhelfen lassen wollen oder nicht. Und deshalb sind diese Zeiten so wertvoll und kostbar, auch wenn sie uns unfair und sinnlos vorkommen. Doch wir kennen das Ende der Geschichte nicht. Wenn wir dennoch an Gott festhalten und seiner Liebe und Souveränität vertrauen, können diese Kapitel in unserem Leben zu den wichtigsten werden. Musste Samuel sterben, damit ich mich verändere? Nein. Aber sein kurzes Leben hat Geschichte geschrieben. Und auch wenn ich die Geschichte immer noch umschreiben würde, wenn ich könnte, gibt mir dieser Gedanke Kraft und Mut.

Ich hatte nichts zu entscheiden. Doch ich habe viel gelernt. Ich habe gelernt zu leben, als ich den Tod vor Augen hatte. „Das Wissen über den nahenden Tod eines geliebten Menschen verändert die Sicht auf das Leben fundamental. Wenn das so ist, warum verändern dann nicht mehr Menschen ihre Perspektive? Sterben werden wir ja schließlich alle. Todsicher … Wer seine Sterbenserwartung bewusst reflektiert, wird verändert leben."[23] Darin kann ich Wolfgang Arzt nur zustimmen. Warum versuchen wir zu verdrängen, was jeder weiß? Es gibt den Tod. Und niemand ist vor ihm sicher. Warum leben wir dann so, als könnte er uns nichts anhaben? Wenn wir uns mehr Gedanken über den Tod machen würden, würden wir dann nicht besser wissen, wie man lebt?

Ich will leben. Ich will mich einlassen auf das Thema Tod, weil die Auseinandersetzung damit eine zutiefst lebensbejahende Beschäftigung ist. „In dem Maße, in dem wir uns mit

---

23 Arzt, S. 130.

dem Tod im Allgemeinen, mit der eigenen Endlichkeit und mit dem Tod von Kindern im Besonderen auseinandersetzen, genau in dem Maße – in der Intensität – sind wir lebendig!"[24], schreibt Anja Wiese in ihrem Buch „Um Kinder trauern". Sowohl der Abschied von Samuel als auch das Bewusstsein meiner eigenen Endlichkeit hier auf der Erde haben meine Sicht auf das Leben verändert. Doch ohne diese Erfahrung hätte ich diese Gedanken wohl weiterhin verdrängt. Wir versuchen krampfhaft, glücklich zu werden. Doch wir werden nicht glücklicher, wenn alles glatt läuft. Zum Leben gehören gute wie schwierige Zeiten, Höhen und Tiefen. Wenn wir lernen, diese bewusst wahrzunehmen und anzunehmen, können wir das Leben in seiner ganzen Fülle erfahren.

Leid zerstört – oder macht stark. Es trennt oder verbindet Menschen, ruft Angst oder Gelassenheit hervor. Es ist ein Trugschluss zu glauben, dass wir keinen Einfluss darauf haben oder dem Leid ausgeliefert sind. Wir können uns entscheiden, wie wir ihm gegenübertreten und was wir daraus machen: „Gott ist so entschlossen, das Böse zu besiegen, dass er uns helfen möchte, es im Hier und Jetzt unseres Lebens dazu zu nutzen, etwas Gutes daraus werden zu lassen."[25]

Wahre Anbetung
Trotz der wertvollen Lektionen glaube ich nicht, dass es nur darum geht, dass ich etwas durch das Leiden lerne. Der größte Gewinn ist, dass ich Gott näherkomme. Timothy Keller schreibt:

---

24 Wiese, S. 15.
25 Keller, S. 206.

„Wenn es wirklich einen unendlich herrlichen Gott gibt, warum sollte das Universum sich dann um uns drehen und nicht um ihn?"[26] Solange ich glaube, dass Gott dazu da ist, mir meine Wünsche zu erfüllen und mich glücklich zu machen, werde ich enttäuscht sein. Ich vertraue ihm, weil er Gott ist, und nicht, weil ich verstehe, was er tut. Ich liebe ihn nicht, weil er mir alles gibt, sondern weil er Gott ist. Ich habe aufgehört, ihm vorgeben zu wollen, wie sein Plan für mein Leben aussehen soll oder wie er Probleme beseitigen soll. Ich liebe ihn nicht, weil ich mich immer danach fühle, sondern weil er mich zuerst geliebt hat.

Die Überwindung, den Gottesdienst am Sonntagmorgen zu besuchen, war anfangs jedes Mal groß. Ich konnte die Lieder nicht mitsingen. Nicht immer. Nicht alle. Lieder rühren mich im Herzen an. Und dann war er wieder da, der Kloß in meinem Hals. Manchmal habe ich es zugelassen, dass mir die Tränen über das Gesicht laufen. Häufig auch nicht. Doch ein Lied kann ich bis heute nicht ohne Tränen singen:

Egal, was du mir gibst,
egal, was du mir nimmst.
Du bist und bleibst mein Gott.
Nur dir gehört mein Lob.[27]

Ich singe diese Worte aus ganzem Herzen, mit lauter Stimme und voller Überzeugung. Aber sie tun weh. Sie tun so schreck-

---

26 Keller, S. 148.

27 aus: Dir gehört mein Lob (Originaltitel: Blessed Be Your Name)
Math u. Beth Redmann/Deutsch: Andreas Waldmann u. Kai Peters, © 2002 Thankyou Music, für D, A, CH: SCM Hänssler, 71087 Holzgerlingen

lich weh. Und trotzdem singe ich. Weil ich nicht über mich und meinen Schmerz singe, sondern über Gott, und darüber, wer er ist.

Er ist mein Gott. Egal, was kommt. Ihm gehört mein Lob. Das liegt nicht in meiner Natur. Es liegt in seinem Wesen. Er ist gut. Er ist Liebe. Er ist gütig. Und deshalb bleibt er mein Gott.

Ich schaffe es nicht allein

Keine Kraft mehr

Diese Wolke, in der wir in den ersten Wochen und Monaten nach Samuels Tod lebten, machte uns die Begegnung mit anderen Menschen schwer. Aber sie war auch ein Schutz. Ein Schutz vor Alltagssorgen und Stress, vor der Außenwelt und ihrer Schnelllebigkeit. Wir konzentrierten uns auf das Wichtigste: auf unsere Familie, unsere Beziehungen und auf Gott. In dieser Wolke gab es keine Uhr. Es gab kein Muss. Manchmal versetze ich mich heute noch zurück in diesen Schutzraum. Nein, ich will nicht zurück in diese Zeit, denn sie war schwer. Doch diese Wolke hilft mir, Unwichtiges in meinem Leben zu entlarven und meine Prioritäten wieder richtig zu ordnen. Aber seit ich die Uhr wieder ticken höre, ist es schwierig, die Zeitlosigkeit mit in meinen neuen Alltag hineinzunehmen.

Im ersten Jahr hatte ich immer wieder Phasen, in denen ich total erschöpft war, eine Ohnmacht spürte, die es mir schwermachte, den Alltag zu gestalten. Ich wollte nichts lieber, als bewusst leben und ganz da sein, für meine Familie in erster Linie. Ich sehnte mich nach echtem Leben, aber ich fühlte mich wie ein Hauch meiner selbst. Die Kopfschmerzen waren manchmal so stark, dass ich befürchtete durchzudrehen. Mein Antrag für eine Mutter-Kind-Kur wurde abgelehnt beziehungsweise unsere Krankenkasse hätte für die Kinder nicht bezahlt, da sie keine körperlichen Beschwerden hatten. Vom Zahnarzt bekam ich Physiotherapie verschrieben, weil ich wieder angefangen hatte, im Schlaf mit den Zähnen zu knirschen und mein Kiefer so verspannt war, dass ich auch dort andauernde Schmerzen hatte. Die manuelle Therapie entspannte mich immer für den Moment, aber dauerhaft hat es wenig gebracht.

Ich wollte eine bessere Mutter sein, denn ich hatte gelernt, meine Kinder mehr zu schätzen. Aber ich war so mit mir selbst beschäftigt, dass ich es nicht schaffte, all das zu tun, was ich mir vorgenommen hatte: mehr mit ihnen zu spielen, Erinnerungen zu schaffen und sie einfach zu genießen.

Statt mir Zeit zu nehmen, meinem Körper und meiner Seele Erholung zu gönnen, stürzte ich mich in viel zu viele Verpflichtungen. Ich schaffte es kaum, den Tag zu bewältigen. Natürlich hatte ich auch gute Tage, aber es brauchte nur eine Sache, um mich komplett umzuhauen.

Ein Jahr ohne Samuel

Die Tage vor seinem ersten Geburtstag waren sehr schwer für mich und ich habe wieder viel geweint. Ich erklärte Ben, dass ich so traurig sei, weil ich Samuel vermisste. Da sagte er: „Ich auch. Ich wollte doch mit ihm Fußball spielen." Das hat mich sehr berührt. Es gab schwere und weniger schwere Phasen der Trauer. Aber nach Samuels Geburtstag begann eine besonders schwere Zeit. Ich fühlte mich verloren und zerbrochen. Die

Kopfschmerzen waren noch stärker geworden und die Sehnsucht nach dem Himmel größer. Ich zweifelte daran, ob ich überhaupt am Leben war. Ich atmete, mein Herz schlug. Aber ich war nicht im Leben. Es war ein Existieren. Ein Funktionieren. Ein ohnmächtiges Wandeln von Minute zu Minute. Blind und orientierungslos. Solange bis ich wieder Licht in meine Wolke ließ.

8. Juli 2014

Wieder ein Urlaub ohne Samuel. Nicht dass plötzlich alles anders wäre, weil er früher dies oder jenes gemacht hat. Dennoch kommt uns alles etwas leerer vor. Er fehlt nicht, weil er früher mal dabei war, sondern weil er jetzt dabei sein müsste. Samuel, mein kleiner Vogel! Für deine Geschwister gehörst du genauso zu unserer Familie wie für uns. Wenn sie unsere Familie aufzählen, bist du immer dabei. „Mama, Papa, habt ihr das gesehen? Unsere ganze Familie hat das gesehen. Samuels hat das bestimmt auch gesehen ..."

Wir verbrachten einige Tage auf einem Bauernhof. Es war eine schöne Familienzeit, die uns allen gut tat. Dennoch war die Wolke da. Obwohl sie sich schon gelichtet hatte, war sie wieder dunkler geworden und ich verstand nicht, warum.

Schließlich war er da: der 1. August, Samuels Todestag. Dieser Tag war heftig. Ein anderes Wort fällt mir dafür nicht ein. Eigentlich fing es schon am Abend zuvor an, diese Ohnmacht. Ich habe mich gefühlt, als wäre ich um ein Jahr zurückkatapultiert worden. Die Trauer überrollte mich. Ich lag im Bett und weinte sehr viel.

Schon ein ganzes Jahr ohne meinen kleinen Jungen. Wie viele sollten noch folgen? Wir fuhren zusammen zum Friedhof. Später waren Alex und ich noch einmal zu zweit dort, um uns in Ruhe Zeit zu nehmen.

Zu diesem Anlass schenkte uns meine Freundin Eva das Buch vom „Feuervogel"[28], weil sie bei dem Bild an Samuel denken musste. Und doch ist die Lektion, die dieser Feuervogel in dem Buch lernt, eine Lektion für mich und meine Familie hier auf der Erde.

Warum gibt es den Regen? Warum lässt Gott zu, dass er ihm die Sonne wegnimmt? Warum?

Als sich der kleine Feuervogel schließlich durch Regen und Wind bis hinter die Wolken kämpft, erkennt er: Die Sonne ist da. Sie ist immer da und strahlt unaufhörlich weiter. Er sieht sie manchmal nicht. Doch sie ist da.

So wie Gott immer da ist.

Er ist da.

Reicht das nicht manchmal schon? Dass jemand da ist? Dass man nicht allein ist? Dass jemand zuhört?

Es gibt kein Hinwegkommen. Wir müssen durch den Sturm, durch den Schmerz. Erst dann finden wir Linderung, Trost und Frieden.

---

28 Brent McCorkle/Amy Parker: Der kleine Feuervogel liebte die Sonne über alles, Luqs Verlag 2013.

Geburtstag ist ein Grund zu feiern

Ein Jahr war vergangen. Was mir anfangs noch unmöglich schien – ohne Samuel ins Leben zu finden – haben wir geschafft. Wenn ich heute zurückblicke, erkenne ich, wie intensiv wir das erste Jahr ohne Samuel gelebt haben. Wir haben geweint, bis keine Tränen mehr da waren, und gelacht, dass unsere Bäuche wehtaten. Ich habe Samuel nach einem Jahr nicht weniger vermisst als am Anfang, auch wenn der Schmerz mit der Zeit nicht mehr ganz so einnehmend war. Doch unser kleiner Vogel fehlte, ständig und überall.

Es begann ein neuer Abschnitt für uns. Kurz nach Samuels erstem Todestag wurde ich schwanger. Der Regenbogen begann langsam zu schimmern und schob den Nebel mehr und mehr beiseite.

Wir haben mit der Zeit gelernt, unsere Trauer um Samuel in unser Leben zu integrieren. Er hat seinen Platz in unseren Herzen, in unserem Alltag und unserem Jahresrhythmus. Seinen Geburtstag feiern wir immer noch jedes Jahr mit selbstgebackenem Kuchen an seinem Grab. Die Kerzen pusten seine Geschwister gemeinsam für ihn aus. Wir feiern das Leben unseres kleinen Vogels. Unsere Gefühle sind jedoch immer unterschiedlich.

An Samuels drittem Geburtstag sagte Ben ganz fröhlich: „Ich sage Jesus, er soll Samuel einen Fußball von Deutschland schenken. Und er bekommt eine riiiiieeeesige Geburtstagtorte!" Ein Jahr später haben Hannah und er sehr geweint, als wir die Fotos ihres kleinen Bruders angeschaut haben. Und da merkten wir, dass der Trauerweg für die Kinder ein längerer Prozess ist. Je älter sie werden, desto bewusster spüren sie, dass ihr kleiner

Bruder ihnen fehlt. Er fehlt nicht nur der Mama, sondern auch ihnen ganz persönlich. Und wir Eltern trauern um unseren kleinen Samuel – und auch ein Stück weit um das, was Ben und Hannah erlebt haben.

Trauerintervalle im Sommer

28. Juni 2015

Samuel fehlt mir so! Sommer, Urlaub, Familie. Alles ohne ihn. Mein kleiner Sohn. Ich will ihn halten, Ich will ihn hier herumlaufen sehen. Ich will hören, wie er nach mir ruft. Es tut so weh.

Im zweiten Sommer nach Samuels Tod wurde es mir klar: In der Zeit zwischen seinem Geburtstag und dem Todestag ist die Trauer für mich besonders intensiv. Ich bin außen ruhig und innen aufgewühlt. Traurigkeit legt sich über mich, doch ohne Tränen. Ich schwelge in Erinnerungen und bin glücklich und traurig. Schwere Augen, Schmerzen im Kopf und Unwohlsein im Bauch. Zurückversetzt in die ersten Wochen ohne ihn. Diese 54 Tage. Jedes Jahr aufs Neue. Geburtstag, Todestag und jeder Tag dazwischen.

Inzwischen weiß ich, dass diese Sommerwochen etwas Besonderes für mich sind. Besonders sensibel, empfindlich. Es ist nicht die dunkle Wolke des ersten Trauerjahres, aber ein Nebel, der mich durch diese Sommerwochen begleitet. Ich wappne mich. Stelle mich darauf ein. Nehme mir Zeit, um zu trauern. Ich gehe allein zu seinem Grab, schreibe, singe. Und trotzdem wehre ich mich. Ich will nicht, dass es wahr ist. Solange ich dagegen ankämpfe, fühle ich mich taub und ohnmächtig, leer. Aber wenn ich es zulasse, wenn ich mich der Trauer ergebe, dann beginne ich wieder zu leben. Ich fühle. Ich atme. Schwer und langsam. Aber ich überstehe sie, die Welle, die mich in die Tiefe reißt. Und wenn ich wieder auftauche, dann sehe ich den Himmel über mir.

Vielleicht ist die wellenartige Trauer nicht nur eine Notwendigkeit für unsere Seele, die die volle Wucht des Verlustes nur langsam annehmen kann. Vielleicht ist es auch ein Prozess, der uns das Einlassen auf die Normalität erträglicher macht.

Blogpost vom 1. August 2015

Zwei Jahre unvollständig

Sonnenschein und blauer Himmel. Vor zwei Jahren sah es draußen genauso aus wie heute. Aber in uns drin ist es dunkel. Damals schwarz. Heute dunkelgrau.
Heute haben wir Sonnenblumen zu Samuels Grab gebracht. Hannah hat es mit Vogelfedern dekoriert. Später fuhren wir nach Bonn, um für Bens Schulstart die letzten Besorgungen zu machen.
Eigentlich dachte ich, ich würde den ganzen Tag im Bett verbringen. Schon Anfang der Woche kamen die Kopfschmerzen zurück, die ich monatelang vergessen durfte. Gestern stand ich den ganzen Tag neben mir. Betäubt. Nicht fähig zu denken. Zu schwach, meine Arme zu heben.

Gestern vor zwei Jahren war die OP, dann die Infektion. Ich saß an seinem Bett und hielt seine Hand. Einen Tag später hat er sich verabschiedet, war davongeflogen, mein kleiner Vogel.

In diesen Tagen denke ich nicht an den Himmel. Ich habe ständig unseren Abschied vor Augen. Morgen werde ich mich wieder freuen können, dass mein kleiner Samuel gesund und glücklich an der Hand Jesu herumhüpft. Aber nicht heute.

Nein, wir sind nicht darüber hinweggekommen. Das werden wir nie. Das wollen wir nicht. Solange ich ihn liebe, wird es wehtun, ohne ihn zu sein. Immer.

Wie es uns geht? Gut. Ja, meistens stimmt das. Wir sind glücklich. Wir sind dankbar. Wir können aus voller Kehle lachen.

Aber manchmal weinen wir. Manchmal heule ich. Manchmal ist mir nach Schreien! Denn wir sind unvollständig. Seit zwei Jahren unvollständig. Und das tut so weh! Es wird nicht besser, denn es ändert sich ja nicht.

Schwere Tage dürfen sein

Wenn ich unsere Familie beschreiben müsste, würde ich sagen: Wir sind fröhlich, ausgelassen, harmoniebedürftig, kreativ und ein wenig verrückt. Wir lachen gern und unternehmen viel zusammen. Dennoch gibt es zwischendurch Tage, an denen das Leben stehen bleibt, der altbekannte Nebel aufzieht.

An einem Tag stand ich in der Küche und hatte plötzlich diese Bilder vor Augen: OP, allein im Kreißsaal, mit Fingerspitzen mein winziges Baby im Inkubator berühren, Tränen.

Am Nachmittag – ich weiß gar nicht mehr, was der Auslöser war – begann ich zu weinen. Hannah fragte mich, was los sei, und ich sagte ihr, dass es mich traurig macht, dass Samuel nicht bei uns sein kann. Ihr Kinn zitterte. Ihre Augen wurden rot. Wir weinten zusammen.

Ich versuchte, den Tisch für das Abendbrot zu decken. Alex kam rein und ich konnte mein Schluchzen nicht mehr zurückhalten. Ich heulte sein Hemd nass, wie ich es schon lange nicht mehr getan hatte. Hannah kam dazu. Wir weinten wieder zusammen.

Dann kam Ben und fragte, was los sei. „Mama vermisst Samuel." Ben spielte mit seinem Ball weiter. Irgendwann sagte er: „Ihr seid nicht die einzigen, die Samuel vermissen." – Ja, mein Schatz, ich weiß … Da sah ich zwei Nachrichten von lieben Frauen auf dem Handy:

„Regina, wie geht es dir?" und: „Ich habe Gott gefragt, für wen ich heute beten soll. Und du warst es."

Ja, ich weiß, warum. Weil mein Gott so gut zu mir ist. Einmal mehr wurden wir vom Gebet anderer getragen.

An einem anderen Tag stand ich an Samuels Grab und hatte nur diesen einen Satz im Kopf: „Ich will nicht, dass es wahr ist. Ich will nicht, dass es wahr ist." Das war dreieinhalb Jahre nach seinem Tod. Es hört einfach nicht auf, wehzutun. Aber das ist okay. Schwere Tage dürfen sein.

Dann war da dieser Moment, als ich nach den Tellern für den Frühstückstisch griff. Ich schaute sie an und wusste: einer fehlt. Ich war verwirrt, zählte nach. Vier Jahre nach Samuels Tod. Obwohl er nie mit uns am Tisch saß.

Blogpost vom 21. Dezember 2016

Kisses to heaven

Ich stand gestern an deinem Grab und weinte. Heulte.
Fragte.
Fragte WARUM? Verstand es nicht. Wieder nicht. Immer noch nicht.
Werde es nie verstehen.
Wie kann das sein? Wie kann das nur wahr sein?
Ich will nicht, dass es ist, wie es ist.
Ich will die Zeit zurückdrehen und irgendetwas tun, damit es anders ist.
Aber ich kann es nicht.
Ich kann dich nicht bei mir haben und das verstehe ich nicht.
Ich bin wütend. Verzweifelt. Machtlos.
Ich heule, frage und verstehe nicht.
Ich vermisse dich so sehr.
Du fehlst mir. Du fehlst uns.
Du.
Du, mein kleiner Vogel, du bist daheim.
Du weinst nicht mehr.
Du lächelst.
Dein Lächeln vertreibt meine Wut.
Antworten zählen nicht mehr.
Du bist am Ziel und ich bin unterwegs.
Diesen Weg ohne dich zu gehen, tut weh.
Daran ändert sich nichts.

Aber da sind so viele Blumen auf dem Weg.
Farben und Düfte. Leben und Freude.
Manchmal, da hämmern Fragen und Verzweiflung.
Manchmal, da laufen die Tränen hemmungslos.
Doch bei alldem fühle ich Geborgenheit. Frieden. Hoffnung.
So ist das. Auch nach über drei Jahren.
Wut und Frieden.
Verzweiflung und Trost.
Tiefe Trauer und übersprudelnde Freude.
Es wird nie anders sein.
Weil ich dich immer lieben werde.
Wie sehr ich dich liebe, mein kleiner Sohn!

Es bleibt die Dankbarkeit

Kann ich erst glücklich sein, wenn ich alles habe, was ich mir wünsche? Liegt die Erfüllung darin, ein sorgenfreies und von Leid unangetastetes Leben zu führen?

Ich glaube, Lebensglück, Erfüllung und Dankbarkeit finden wir dann, wenn wir aufhören, nach dem zu suchen, was wir nicht haben oder was uns genommen wurde. Trotz allem sind wir Beschenkte. Wir sind beschenkt mit Leben. Mit Liebe. Und mit dem Wunder des Augenblicks.

Wir haben aufgehört zu warten, dass die Umstände perfekt sind. Und wir haben erkannt, dass Glück nicht heißt, frei von Leid zu sein.

Jetzt dürfen wir leben. In diesem Augenblick. Die ganz alltäglichen Dinge sind Geschenke Gottes. Essen, trinken, arbeiten. Geschenke. Lachen, weinen, umarmen, loslassen. Alles hat seine

Zeit, alles hat seinen Platz. Deshalb will ich ganz im Lachen sein und ganz im Weinen. Wenn ich umarme, will ich umarmen. Und wenn ich loslassen muss, dann versuche ich loszulassen.

Es ist nicht leicht. Auf keinen Fall. Gerade dann im Jetzt zu sein, wenn die Zeit des Leidens gekommen ist. Doch wenn ich genau hinsehe, erkenne ich in den schwersten Momenten meines Lebens die wertvollsten Geschenke.

Und so macht Gott sein Versprechen wahr, uns Zukunft und Hoffnung zu schenken. Wir bleiben Trauernde. Aber wir trauern mit Hoffnung.

In jeder Tragödie liegt ein Auftrag

An Samuels erstem Todestag ging ich zu Fuß vom Friedhof zurück nach Hause. In einer Plastiktüte hatte ich einen Milchkrug. Ich wollte ihn zertrümmern. Schon kurz nach Samuels Tod hatte ich in einem Buch gelesen, dass dies eine gute Therapie für Eltern sein kann, die ihr Kind verloren haben. Ich konnte es mir nicht vorstellen. Nun hatte ich wieder davon gelesen, und das war ein guter Tag, um all meine Gefühle in diesen Moment zu legen.

Ich war voller Emotionen und ging wie getrieben über die Feldwege. Die Sonne stand schon tief am Himmel. Das ist die schönste Tageszeit im Sommer. Irgendwann blieb ich ohne nachzudenken stehen und warf die Tüte mit Krug auf den Boden. Es war weniger spektakulär, als ich es mir vorgestellt hatte. Trotzdem tat es gut.

Leider war die Plastiktüte dabei gesprengt worden und die Scherben verteilten sich über den Weg. Ich sammelte ein, so viel ich konnte, ließ aber noch viele kleine Splitter und weißen Staub zurück.

Einige Tage später machten Alex und ich uns an die Arbeit, den Krug wieder zusammenzusetzen. Die Idee dazu hatte ich von Angie Smith, aus ihrem Buch „Mended"[29]. Es hat lange gedauert, und alleine hätte ich es nicht geschafft, dafür fehlt mir die Geduld. Es ist ein großes Loch zurückgeblieben. Wie passend.

Dieser zerbrochene und wieder zusammengesetzte Krug – das bin ich. Mit all meinen Narben und Lücken. Manche Narben würde ich gerne überkleben, damit ich sie vergessen kann, aber ich merke, sie holen mich immer wieder ein. Ich möchte sie annehmen. Genauso wie ich meine Kaiserschnittnarbe angenommen habe. Mehr noch: Ich finde sie wunderschön! Sie ist eine Erinnerung an meinen Samuel – auf meinem Körper. Sie gehört zu mir. So wie diese große Lücke im Krug, die zeigt, dass ich nicht mehr vollständig bin. Ich werde Samuel immer lieben. Er wird mir immer fehlen. Die Lücke, die er hinterlassen hat, wird immer wehtun. Aber das ist ein Teil von mir. Das ist meine Geschichte. Meine Geschichte von Zerbruch und Heilung. Von Trauer und Hoffnung.

Gott ist Autor dieser Geschichte – einer größeren Geschichte als mein Leben. Diese Geschichte hat Kraft. Kraft, etwas zu verändern. Durch meine Risse und Lücken strahlen Gottes Liebe und seine Gnade.

Unsere Geschichte mit Samuel hat uns verändert. Sie definiert nicht unser Leben oder unsere Persönlichkeit. Aber wir haben uns weiterentwickelt. Oder haben wir uns durch diese Geschichte erst richtig kennengelernt; verstanden, wer wir wirklich sind?

Ein wenig von beidem, nehme ich an.

---

29 Angie Smith, Mended: Pieces of a Life Made Whole, Nashville, USA 2012.

Rick Warren spricht in der letzten Predigt seiner Predigtreihe über die Trauer über den Zusammenhang von „mess" und „message" (Chaos und Botschaft) und von „test" und „testimony" (Test und Zeugnis). Das hat uns damals, kurz nach Samuels Tod, schon sehr angesprochen. Viele Eltern, die ein Kind verloren haben, aber auch Trauernde, die einen anderen schweren Verlust erlitten haben, engagieren sich später, um anderen Betroffenen zu helfen. Manche gründen eine Stiftung, werden Botschafter oder Trauerbegleiter. Ich wünsche mir, dass meine „life message", meine Lebensbotschaft lautet: Dennoch – Gott ist gut.

Einige Monate nach Samuels Tod wurde mir klar, dass ich meine Arbeit verändern wollte. Alles hatte sich verändert. Wie konnte ich erwarten, meinen Dienst als Referentin fortzuführen, als sei nichts gewesen? Mit der Zeit reifte in Alex und mir ein Bild davon, wie es weitergehen würde; wie wir das, was wir durch Samuel gelernt hatten, weitergeben können. Ich begann, dieses Buch zu schreiben, aber es ging schleppend voran. Sicherlich auch, weil mir nicht so viel Zeit zum Schreiben blieb, aber vor allem, weil es nicht der richtige Zeitpunkt dafür war.

Dann, im Jahr 2018, durfte ich endlich mein Herzensprojekt realisieren.

Es ist aber nicht nur dieses Buch, durch das ich meine Erfahrungen weitergeben möchte, sondern auch mein Blog beschenkt. com, die Themen meiner Vorträge, meine Fortbildung zur Sternenkind-Begleiterin.

Niemand, der ein Kind begraben muss, bleibt, wie er war. Ich würde Samuel zurückholen, wenn ich könnte. Ich hätte es mir nicht ausgesucht, diese Lektion zu lernen. Und doch bin ich so unendlich dankbar für das, was ich geworden bin. Was in mir ist: Es ist mehr. Mehr Wärme. Mehr Friede. Mehr Liebe. Mehr Jetzt. Mehr von Gott.

Halte ich mich für stark? Oh nein. Um ehrlich zu sein: Jedes Mal, wenn mich jemand als stark bezeichnet, wächst in mir ein Widerstand gegen dieses Wort. Ich bin nicht stark; ich bin zerbrochen. Ich bin vernarbt. Doch dann sagte mir mein ehemaliger Dozent Eduard Friesen: „Du bist aber stark. Das ist deutlich zu sehen. Da ist Stärke da. Es ist nicht deine Kraft. Es ist Jesus. Aber er ist unsichtbar und man sieht nur dich. Du bist stark durch ihn. Denk mal darüber nach."

Das tat ich dann. Tagelang. Hatte er Recht? Ist es in Ordnung, wenn jemand sagt, ich sei stark? Weil ich weiß, dass es Gottes Kraft in mir ist? Darf ich mich gebrauchen lassen, um Gottes Kraft sichtbar werden zu lassen? Vielleicht darf ich stark sein. Ich darf ihn stark sein lassen …

Es hat mich oft verletzt, wenn jemand sagte: *Ich würde es nicht überstehen, wenn mein Kind stirbt.* In meiner ganz sensiblen Phase fragte ich mich selbst: Warum habe ich überlebt? War meine Liebe zu schwach? Aber mit der Zeit lernte ich, dass niemand von uns jetzt schon stark genug sein muss für etwas, das eventuell in der Zukunft passieren könnte. Ich hätte es mir doch auch nicht vorstellen können, dass ich nach dem Tod meines Kindes wieder glücklich sein könnte. Aber ich bin es.

Dankbarkeit und Hoffnung sind lauter als meine Wut und meine Tränen. Und ich bete, dass Samuels Geschichte auch anderen Menschen Hoffnung schenkt.

Anhang

Hilfen aus dem Internet

„Netzwerk Wege nach Pränataler Diagnose": Informationen und verschiedene Angebote für Eltern, die in der Schwangerschaft eine schwere Diagnose bekommen haben. Hier gibt es auch Kontakte zu ehrenamtlichen Schwangerschaftsfotografen und Infos zum Thema „Palliative Geburt".

- www.weitertragen.info

Beratung und Unterstützung nach dem Tod eines Kindes gibt es auf folgenden Seiten, sowohl für Familien als auch für Fachkräfte:

- **www.hopesangel.com** (Netzwerk von Sternenkind-Fotografen, Bestattern, Trauergruppen u. a.)
- initiative-regenbogen.de
- **www.veid.de** (Bundesverband für verwaiste Eltern und trauernde Geschwister)

Informationen und Austausch mit anderen Eltern, die ein schwerkrankes Kind erwarten, haben oder bereits wieder hergeben mussten, bieten folgende Internetangebote:

- www.forum-krankes-baby-austragen.de
- www.leona-ev.de (Verein für Eltern chromosomal geschädigter Kinder)

Literaturempfehlungen

- Shabnam und Wolfgang Arzt: Umarmen und loslassen: Was wir in 13 Jahren mit unserer todkranken Tochter über das Leben gelernt haben, München 2017
- Katrin Schmidt: Gehalten, wenn nichts mehr hält: Meine Geschichte mit unserer still geborenen Tochter, Schwarzenfeld 2016
- Hannah Lothrop: Gute Hoffnung – jähes Ende: Fehlgeburt, Totgeburt und Verluste in der frühen Lebenszeit. Begleitung und neue Hoffnung für Eltern, München 2016
- Arne Kopfermann, Mitten aus dem Leben: Wenn ein Sturm deine Welt aus den Angeln hebt, Asslar 2017, S. 196
- Timothy Keller: Gott im Leid begegnen, Gießen 2015
- Anja Wiese, Um Kinder trauern: Eltern und Geschwister begegnen dem Tod, Gütersloh 2009 (nur noch antiquarisch lieferbar)

Copyright © 2019 Gerth Medien GmbH,
Dillerberg 1, 35614 Asslar
Die Bibelzitate in diesem Buch wurden folgenden Bibelübersetzungen entnommen:
Neues Leben. Die Bibel, © 2002 und 2006 SCM R. Brockhaus im SCM-Verlag GmbH & Co KG, Witten (NL)
Lutherbibel, revidierter Text 1984, durchgesehene Ausgabe in neuer Rechtschreibung. © 1999 Deutsche Bibelgesellschaft Stuttgart (LU)
Revidierte Elberfelder Bibel (Rev. 26), © 1985/1991/2008 SCM R. Brockhaus im SCM-Verlag GmbH & Co. KG, Witten (ELB)

1. Auflage 2019
Bestell-Nr. 817543
ISBN 978-3-95734-543-1

Umschlaggestaltung: Mareike Schaaf
Umschlagfoto: Shutterstock (KuLouKu sowie Catya Shok)
Lektorat: Verena Keil
Satz: Vornehm Mediengestaltung, München
Druck und Verarbeitung: GGP Media GmbH, Pößneck
Printed in Germany

www.gerth.de